Arnold Wolff

Der Dom zu Köln

Seine Geschichte – seine Kunstwerke

Bearbeitet und ergänzt von Barbara Schock-Werner

GREVEN VERLAG KÖLN

Zu diesem Domführer

Arnold Wolff, der von 1972 bis 1998 Dombaumeister an der Metropolitankirche in Köln war, hat diesen Führer in Zusammenarbeit mit dem Greven Verlag Köln erstellt. Sein immenses Wissen zur Geschichte des Doms und seine profunden Kenntnisse der Ausstattung sind in das Buch eingeflossen. Es gibt keine andere Publikation, die beiden Aspekten in gleicher Weise gerecht wird. Die Lektüre bringt dem Leser die ganze Vielfalt und Bedeutung der architektonischen ebenso wie der künstlerischen Schöpfungen nahe, die der Kölner Dom bereithält. Zudem bietet der ausklappbare Grundriss eine nützliche Orientierungshilfe, die es dem Dombesucher gestattet, Informationen zu einzelnen Objekten gezielt aufzusuchen.

Inzwischen sind sechs Auflagen des Buchs erschienen, die Arnold Wolff jeweils selbst betreut hat. Für diese Neuausgabe hat er mir die Aufgabe übertragen, den Text auf den aktuellsten Forschungsstand zu bringen und die neu hinzugekommenen Kunstwerke vorzustellen. Dies hat der Verlag zum Anlass genommen, auch ein neues Layout zu entwickeln. Trotzdem bleibt dieser Führer auch für mich vor allem mit dem Namen des großen Dombaumeisters Arnold Wolff verbunden.

Barbara Schock-Werner
Ehemalige Dombaumeisterin (1999–2012)

Hinweis zur Benutzung dieses Führers: Im Folgenden sind die Bauteile mit Großbuchstaben, die Ausstattungswerke und andere interessante Objekte mit Nummern bezeichnet. Die Buchstaben und Nummern korrespondieren mit denen im Grundriss auf der hinteren Umschlagklappe. Der Rundgang beginnt auf Seite 10.

Der Kölner Dom gehört zu den herausragendsten Kirchenbauten der gesamten Christenheit. Als Sitz eines bedeutenden römisch-katholischen Erzbischofs ist er das geistige Zentrum des religiösen Lebens der deutschen Katholiken. Seine enorme Größe und seine stilreine hochgotische Bauweise machten ihn weltberühmt. So ist es kein Wunder, dass er jährlich von etwa sechs Millionen Menschen besucht wird. Sie schauen bewundernd zu der glanzvollen, hochragenden Architektur auf, doch es wird ihnen nicht bewusst, dass die Geschichte dieser mächtigen Kathedrale bis in die frühesten christlichen Zeiten zurückreicht.

Abb. 1 »Und fertig wird er doch«, Vision der vollendeten Domtürme, Aquarell von Vincenz Statz, 1861

I. Geschichte und Baugeschichte

Das römische Köln glich einem unregelmäßigen Viereck von etwa einem Kilometer Seitenlänge. Rechtwinklig sich kreuzende Straßen teilten den ummauerten Bereich in etwa 50 quadratische Häuserblocks ein. Im gegenwärtigen Stadtbild ist davon nur noch wenig zu spüren, lediglich die Nord-Süd-Hauptstraße, heute Hohe Straße genannt und zur Haupteinkaufsstraße geworden, hat seit der Antike nichts von ihrer Bedeutung verloren.

Auch der Roncalliplatz südlich des Doms und der Domvorplatz waren in römischer Zeit dicht mit Häusern bebaut. Ihre noch zahlreich erhaltenen Keller verschwanden fast vollständig beim Bau der Domplatte in den 1960er-Jahren.

Das Eingangsgebäude (A) (Abb. 2)

Rechts neben der Fassade empfängt den Besucher das 2009 fertiggestellte Eingangsgebäude, in dem sich oben der Domshop (152) und unten der Eingang zur Turmbesteigung und zu den Ausgrabungen befinden. Im gläsernen Foyer wurde der Keller eines römischen Hauses freigelegt, der letzte, der sich in diesem Areal erhalten hat. An der Größe des ehemals gewölbten Kellers und den Nischen in seinen Wänden kann man noch ermessen, wie wohlhabend die römischen Besitzer gewesen sein müssen. Man sieht aber auch, dass durch die Errichtung der Fundamentwand des Doms ein Teil des Kellers schon im Mittelalter zerstört wurde.

Beim Bau des Eingangsgebäudes wurden die gewaltigen, in der Mitte des 14. Jahrhunderts entstandenen Fundamentmauern des Südturms (Q) durchbohrt. Die Spuren dieser Bohrungen prägen die Wände des tunnelartigen Durchgangs (Abb. 2). Durch ihn gelangt man zuerst in die Kassenhalle der Turmbesteigung, von der man die über 500 Stufen bis zur Aussichtsplattform des Südturms erklimmen kann (siehe »Besteigung des Südturms«, S. 61). Durchquert man die Kassenhalle, erreicht man den Raum zwischen den Fundamenten der beiden Westtürme. Das Fundament des Südturms ist etwa sieben Meter dick, misst an der Südseite sogar mehr als zwölf Meter und reicht etwa 16 Meter in die Tiefe, bis auf die Kiesschicht, die der Rhein einstmals dort abgelagert hat. Die Fundamente sind aus schwarzen Basaltbrocken und Tuffquadern in horizontalen Schichten sorgfältig gemauert.

Vor dem Gitter, das den öffentlichen Bereich von dem Teil der Ausgrabungen trennt, der nur mit einer Führung besichtigt werden kann, wurde das Portal wieder errichtet, das zwischen 1520 und 1860 als Zugang zum unvollendeten Dom diente. Die historische Situation ist auf den vor der linken Wand angebrachten Tafeln anschaulich wiedergegeben. Eine Bildschirm-Präsentation gewährt zudem in einer etwa 10-minütigen Visualisierung Einblicke in die Vor- und die Baugeschichte des Kölner Doms.

Der Alte Dom (Abb. 5)

Durch das Gitter blickt man auf die westliche Apsis des Alten Doms. Dieser wurde auf dem Gelände einer oder mehrerer Vorgängerkirchen im 9. Jahrhundert errichtet. Er besaß ein Querhaus und eine daran anschließende halbrunde Apsis im Osten sowie ein Querhaus und eine Chorapsis im Westen (Abb. 5). Der Ostchor war Maria, der von zwei Türmen flankierte Westchor dem hl. Petrus geweiht. Die zehn Arkaden des etwa zwölf Meter breiten Mittelschiffs wurden von Pfeilern getragen (Abb. 6). Vor den westlichen Querhäusern lagen Eingangshallen und vor dem gesamten westlichen Bereich ein großer Hof, der von Gebäuden des Domkapitels gesäumt war. In der Mitte dieses Atriums stand ein Brunnen, der sich in der Tiefgarage vor dem Dom erhalten hat. Im 10. Jahrhundert wurden zwei weitere Seitenschiffe an die karolingische Anlage angebaut. Etwa zur selben Zeit wurde südlich des Ostchors die zweigeschossige Pfalzkapelle St. Johannes gebaut (138; Abb. 5). Der Alte Dom war bereits eine der größten Kirchen in Europa und prachtvoll ausgestattet. Der Boden war mit Marmor und Porphyrplatten belegt, und Wandmalereien bedeckten die Wände. Die erhaltenen Säulen und Kapitelle zeugen von großer Steinmetzkunst. Es gibt sogar Hinweise darauf, dass zu dieser Zeit schon farbige Fenster eingesetzt waren.

Die karolingische Bischofskirche genoss so hohes Ansehen, dass sie zwar verändert, aber nicht ersetzt wurde, als an vielen Orten Kölns romanische Kirchen entstanden. Die Situation änderte sich erst, als Erzbischof Rainald von Dassel im Jahr 1164 die Reliquien der Heiligen Drei Könige von Mailand nach Köln brachte. Denn dadurch war der Kölner Dom nicht mehr nur die Amtskirche des mächtigen Kölner Erzbischofs, sondern wurde auch zu einem der wichtigsten Wallfahrtsorte Europas.

Der gotische Dom

Zwischen April 1246 und November 1247 fasste das Domkapitel den Beschluss, einen Neubau zu errichten. Am 13. April 1248 folgte ein Vertrag

Abb. 2 Durchgang durch das Fundament des Südturms im neuen Eingangsgebäude an der Südseite des Doms

Abb. 3 Blick durch das wieder aufgerichtete ehemalige Eingangsportal auf die westliche Apsis des Alten Doms

zur Finanzierung des Unternehmens. Unmittelbar danach müssen die Arbeiten begonnen haben, denn schon wenige Tage später, am 26. April 1248, brannte der Alte Dom ab, und zwar eindeutig infolge unvorsichtiger Abbruchmaßnahmen am Ostchor, der mittels Feuer zum Einsturz gebracht werden sollte. Man stellte den Westteil provisorisch wieder her und mauerte ihn gegen den Bauplatz im Osten ab. Am 15. August desselben Jahres fand die feierliche Grundsteinlegung zum Neubau durch Erzbischof Konrad von Hochstaden statt (1238–1261; vgl. 70).

Der Chor

(Abb. 4 und Umschlagaußenseite hinten)
Als erster Bauabschnitt wurden die sieben Kapellen des Chorumgangs errichtet (M1–M7). Erster Dombaumeister und sicherlich auch Schöpfer des Plans war der Steinmetz Gerhard, der dem Bau bis zu seinem Tode (vor 1271, wahrscheinlich um 1260) vorstand (142). 1261 konnte Erzbischof Konrad von Hochstaden in der Achskapelle (M4) bestattet werden, die damals bereits fertiggestellt und wohl auch schon verglast war (70; Abb. 25 und 27).

Der zweite Bauleiter, Meister Arnold (nachgewiesen 1271–1299), vollendete in wenigen Jahren das Erdgeschoss des Chors und die Ostseite der Querhäuser bis unterhalb des Gesimses, aber ohne die zugehörigen Teile der Querhausfassaden. Dieser Bereich wurde an den noch offenen Stellen im Westen, Süden und Norden sowie gegen den Binnenchor, der Baustelle blieb, abgemauert und bereits um 1265 dem Gottesdienst geöffnet. Über Treppen waren die inneren Seitenschiffe der Westhälfte des zwei Meter tiefer liegenden Alten Doms mit denen des gotischen Baus verbunden. 1277 wurde der noch bestehende Teil der gotischen Sakristei errichtet (heute Sakramentskapelle; K). Um das Jahr 1300 dürfte der Hochchor mit seinem reichen Strebewerk baulich vollendet gewesen sein. Spätestens 1304 war die Trennwand fertig, die den Chor nach Westen abschloss und die erst 1863 beseitigt wurde. 1308–1311 wurde das Chorgestühl (53; Abb. 17 und 19) geschnitzt und aufgestellt; und um 1310 war die Verglasung der 15 großen Obergadenfenster (57; Abb. 23 und Abb. S. 2) vollendet. 1322 fand anlässlich einer Provinzialsynode die feierliche Schlussweihe statt, und zwar wiederum am 27. September.

Abb. 4 Die Südseite des Chorumgangs (100)

Abb. 5 Der Alte Dom, von Südwesten gesehen
Abb. 6 Der Innenraum des Alten Doms mit Blick auf den östlichen Altarraum

Die Südseite des Langhauses (Abb. 7)

Unmittelbar nach dem Umzug des Domkapitels aus dem Westteil des Alten Doms in den gotischen Chor begann man mit der Errichtung der südlichen Seitenschiffe des Langhauses (P). Eine Urkunde von 1325 berichtet über den Bau des zwölf Meter breiten und 15 Meter tiefen Fundaments der Außenwand. Um 1360 wurde der südliche Turm (Q) der Westfassade begonnen. Für diese lag ein 4,05 Meter hoher, auf Pergament gezeichneter Entwurf vor, der noch heute vorhandene und in der Johanneskapelle hängende »Fassadenplan F« (72). Als sein Verfasser kommt außer Meister Arnold noch dessen Sohn und Nachfolger Johannes infrage, der ab 1296 nachweisbar ist und der schon unter seinem Vater am Dombau gearbeitet hatte. In den Jahren 1331–1333 leitete Meister Rutger den Dombau. Danach wird zwei Jahrzehnte lang kein Dombaumeister mehr erwähnt. 1353 wird erstmals Michael in dieser Funktion genannt. Seine Toch-

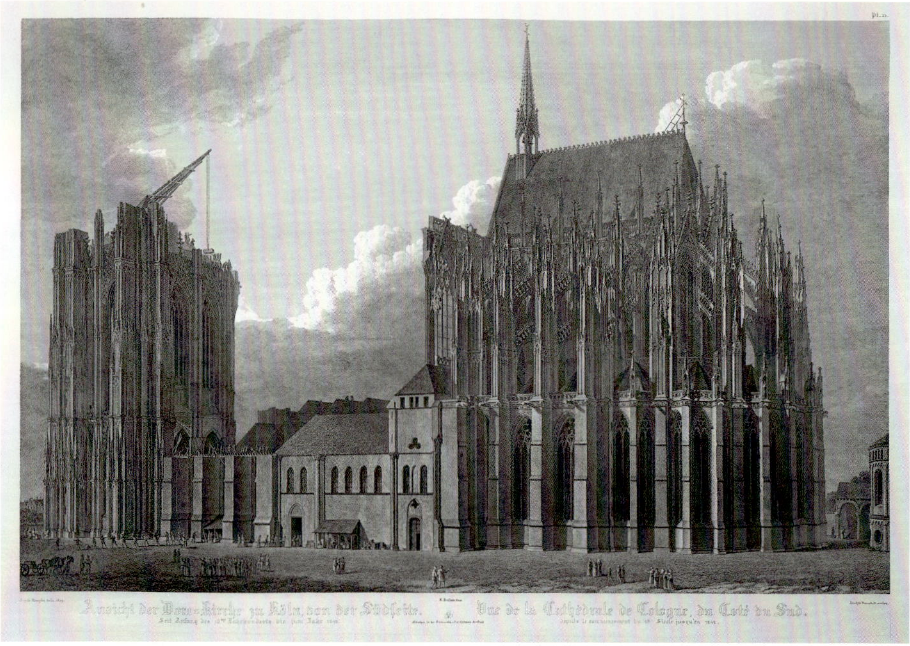

Abb. 7 Der unvollendete Dom von Südosten, aus: Sulpiz Boisserée, »Ansichten, Risse und einzelne Theile des Doms von Köln«, Stuttgart 1821

ter war die Frau des Heinrich von Gmünd, eines nahen Verwandten des Prager Dombaumeisters Peter Parler. Die engen Beziehungen zu Böhmen kommen auch in den Kunstwerken dieser Epoche zum Ausdruck, insbesondere an dem 1370–1380 entstandenen plastischen Schmuck des Petersportals (1; Abb. 8), des einzigen der neun Domportale, das im Mittelalter vollendet wurde. Michael kann bis gegen 1395 im Amt gewesen sein. Unter seiner Leitung wurden die beiden Seitenschiffe des südlichen Langhauses (P) bis zu einer Höhe von etwa 13,50 Metern (= drei Steinschichten oberhalb der Kapitelle) aufgebaut und durch provisorische Dächer geschlossen, die vom Südturm bis zur Querhaus-Ostwand durchliefen. Dort sind über den Arkaden noch die Spuren der Dachschrägen zu sehen. Zum Mittelschiff hin wurden die Öffnungen zwischen den Pfeilern vermauert. Die Erzbischöfe Friedrich von Saarwerden und Dietrich von Moers stifteten um 1410–1440 die fünf Fenster, farbige Glasgemälde, von denen jedoch leider nichts erhalten blieb.

Das zweite Geschoss des Südturms zeigt bereits wesentliche Abweichungen vom großen »Fassadenplan F«. Unter der Leitung des Dombaumeisters Andreas von Everdingen (um 1395–1411) war es um 1410 vollendet worden. Das Innere war zur Hälfte von einem gewaltigen Glockenstuhl aus Eichenholz ausgefüllt, in dem 1448 und 1449 die beiden berühmten Großglocken Pretiosa (etwa 10 Tonnen) und Speciosa (5,6 Tonnen; vgl. S. 61) aufgehängt wurden. Auch das dritte Geschoss wurde noch bis über die Fensterbänke hinaus ausgeführt. In einer Höhe von rund 56 Metern endete die mittelalterliche Bautätigkeit an diesem Turm. Er wurde mit einem provisorischen Dach abgeschlossen, aus dem bis 1868 der berühmte Kran herausragte (Abb. 7).

Die Nordseite des Langhauses

Im 15. Jahrhundert baute man vor allem an den nördlichen Seitenschiffen des Langhauses (F). Dombaumeister dieser Zeit war zunächst Nicolaus von Büren (um 1425–1445). Ihm folgten der mit seiner Nichte verheiratete Konrad Kuene van der Hallen (1445–1469; sein Grabmal befindet sich als einziges eines Dombaumeisters noch heute im Dom, 30) und dessen bis 1491 nachweisbarer Sohn Johann von Frankenberg.

Die Bauteile des 15. Jahrhunderts wiederholen in erstaunlicher Treue die Formen der mehr als 150 Jahre zuvor entworfenen Langhaus-Südseite. Nur das Laubwerk und die Baldachine der Pfeilerfiguren verraten spätgotischen Zeitstil. Nach Fertigstellung der Pfeiler und der Außenwand wurden alle Teile des Langhauses und auch das Querhaus mit Ausnahme der jeweils äußersten Joche im Norden und Süden oberhalb der Erdgeschosskapitelle mit provisorischen Dächern versehen, sodass die Grundfläche fast vollständig zu nutzen war. 1507–1509 wurden die fünf prachtvollen Glasgemälde der Langhaus-Nordwand eingesetzt (12–16; Abb. 11). Vom Nordturm baute man sodann die Ostwand bis zu einer Höhe von 22 Metern, die Nord- und Westwand bis etwa sechs Meter Höhe auf (D). Besonders der Nordostpfeiler des Turms zeigt deutlich die Umwandlung des hochgotischen Entwurfs in die Formensprache der reifen Spätgotik (149).

Noch hatten die Baumeister die Hoffnung nicht aufgegeben, den Dom zu vollenden, und alle Arbeiten zielten auch im 16. Jahrhundert auf die Verwirklichung des Gesamtprogramms hin. Für die Jahre 1512 und 1513 bezeugen die Quellen einen geregelten Baubetrieb. Nach 1525 gingen die Einnahmen stark zurück. Immerhin wurden nach dem Einsetzen der Fenster noch die sechs westlichen Joche der nördlichen Seitenschiffe eingewölbt (F). Die letzte Nachricht über Bauarbeiten am Dom stammt aus dem Jahre 1528.

Die zweite Bauzeit des gotischen Doms

Es hat zwischen dem 16. und dem 19. Jahrhundert nicht an Versuchen gefehlt, den Bau wieder in Gang zu bringen. Doch die Reparatur- und Verschönerungsmaßnahmen des 18. Jahrhunderts blieben die einzigen Aktivitäten. Für den mittelalterlichen Bestand bedeuteten sie schwerwiegende Verluste. Unter den offenen Dachstühlen des Lang- und Querhauses ließ Erzbischof Clemens August (1723–1761) hölzerne Scheingewölbe anbringen. Alles Steinwerk des Inneren und auch die zahlreichen Wandmalereien wurden weiß übertüncht. 1769 ging man an die Modernisierung des Chors. Die durchbrochenen Maßwerkschranken aus Stein wurden durch eiserne Gitter ersetzt (49), das 18,20 Meter hohe Sakramentshäuschen von Franz Maidburg (52) zerschlagen. Den Hochaltar (50) beraubte man an drei Seiten seiner weißen Marmorarkaden und überbaute ihn mit einem siebensäuligen Ziborium. 1794 zogen die Revolutionstruppen in Köln ein. Im Dom wurde der Gottesdienst stark eingeschränkt, das Langhaus zeitweise zur Unterbringung österreichischer Kriegsgefangener benutzt. Sie verheizten im Winter 1797/98 einen Teil der hölzernen Ausstattung des Lang- und Querhauses. Ab 1801 wurde wieder Gottesdienst gehalten, doch der Dom war jetzt nur noch Pfarrkirche, denn der Sitz des Bistums war nach Aachen verlegt worden.

In dieser Zeit der tiefsten Erniedrigung erwachte aufs Neue die Begeisterung für den gewaltigen, unvollendeten Bau. Georg Forster (1790) und Friedrich von Schlegel (1804) priesen ihn als einmaliges Kunstwerk, Joseph Görres als nationales Heiligtum (1814). Praktische Arbeit aber leistete allein Sulpiz Boisserée, der nicht müde wurde, die Vollendung des Doms zu fordern, und der in seinem ab 1821 erschienenen monumentalen Kupferstichwerk *Ansichten, Risse und einzelne Theile des Doms von Köln* das Anliegen der Öffentlichkeit nahebrachte (Abb. 7).

Köln war 1815 preußisch geworden. Ein Abkommen zwischen Papst und König stellte 1821 das Erzbistum wieder her; dabei übernahm der Staat die Baulast für die Kathedrale bereits 1823 mit den Wiederherstellungsarbeiten. 1833 sandte Karl Friedrich Schinkel als oberster preußischer Baubeamter den begabten schlesischen Architekten Ernst Friedrich Zwirner als Dombaumeister (1833–1861) nach Köln. Gemeinsam mit Schinkel entwickelte dieser die Pläne für den Ausbau des Doms. Doch erst der Regierungsantritt Friedrich Wilhelms IV. am 7. Juni 1840 ermöglichte den Weiterbau. 1841 gründeten Kölner Bürger den Zentral-Dombau-Verein, der zusammen mit dem König, der als »Romantiker auf dem Thron« bezeichnet wurde, den Dom zu Ende bauen wollte. König und Verein versprachen, jährlich je 50 000 Taler aufzubringen. Am 4. September 1842 legten Erzbischof-Koadjutor, später Kardinal Johannes von Geissel (1841–1864) und Friedrich Wilhelm IV. den ersten Stein zum Weiterbau (vgl. 135).

Zunächst galt es, die Querhausfassaden zu errichten. Da es von diesen keine mittelalterlichen Pläne gab, entwarf Zwirner sie nach dem Vorbild der Westfassade und im ständigen Kontakt mit Boisserée, Schinkel und dem König neu. 1848 waren alle Seitenschiffe vollständig und das Mittelschiff bis über das Triforium ausgebaut, 1861 wurde das Dach mit dem 109 Meter hohen eisernen Dachreiter vollendet. 1863 konnten die hohen Gewölbe über dem Lang- und dem Querhaus geschlossen und die Trennwand vor dem Chor aus der Zeit um 1300 endlich abgebrochen werden. Zwirner war bereits 1861 gestorben, sein Nachfolger wurde der Magdeburger Richard Voigtel (1861–1902).

Um den drückenden, immer wiederkehrenden Sorgen um ausreichende Geldmittel zu begegnen, veranstaltete der Zentral-Dombau-Verein 1864 die erste »Dombau-Lotterie«, die von nun an jährlich große Einnahmen brachte, sodass die gewaltigen Türme in nur 17 Jahren vollendet werden konnten. 1868 hatte der Nordturm die Höhe des Südturms erreicht. Der alte Kran, ein Wahrzeichen Kölns, musste, von vielen betrauert, dem Weiterbau weichen. Am 15. Oktober 1880 wurde unter den Augen von Kaiser Wilhelm I., aber in Abwesenheit des wegen des Kulturkampfs in der Verbannung lebenden Erzbischofs Paulus Melchers (1866–1885), der letzte Stein auf die Kreuzblume des Südturms gesetzt. Der Dom war nach 632 Jahren und zwei Monaten vollendet.

Die dritte Bauzeit

Nur wenige Jahre stand der Dom in allen seinen Teilen wirklich vollständig da. Bereits 1905 richtete Dombaumeister Bernhard Hertel (1903–1927) eine neue Hütte zur Behebung der nun deutlich sichtbar gewordenen Verwitterungsschäden ein. Er und sein Nachfolger Hans Güldenpfennig (1928–1944) erneuerten das gesamte Strebewerk des Chors in Muschelkalk (T).

Im Zweiten Weltkrieg trafen 14 schwere Fliegerbomben den Dom. Zwölf Hochschiffgewölbe des Langhauses und des nördlichen Querhauses sowie vier Seitenschiffgewölbe stürzten ein, alle Fenstermaßwerke wurden beschädigt. Der Giebel des nördlichen Querhauses brach herunter, das große Westfenster wurde vernichtet. In den nördlichen Strebepfeiler der Westfassade wurde ein gefährlich tiefes Loch gerissen, das man sofort mit Ziegelsteinen schloss (**150**).

Nach dem Krieg erhielt Dombaumeister Willy Weyres (1944–1972) den Auftrag, bis zum Jubiläumsjahr 1948 wenigstens den Chor des Doms wieder benutzbar zu machen, was nur unter unsäglichen Mühen gelang. Erst 1956 wurde der besonders schwer getroffene Westteil dem Gottesdienst zurückgegeben. Auf Weyres folgten als Dombaumeister Arnold Wolff (1972–1998) und Barbara Schock-Werner (1999–2012).

Doch die Bauarbeiten gehen weiter. Wie im Mittelalter begleitet eine ständige Dombauhütte das Leben der Kathedrale, deren Gestein durch Wind und Wetter, vielfach verstärkt durch Schadstoffe in der Luft, zerfressen wird. Die Dombauhütte mit ihren fast 100 Mitarbeitern und mehrere Vertragsfirmen sorgen dafür, dass zerstörte Bauteile ersetzt, Dächer und Rinnen erneuert, Wand- und Glasgemälde restauriert und alle gefährdeten Bauteile in Ordnung gehalten werden. Dennoch wird es Jahrzehnte dauern, bis wenigstens die noch verbliebenen Kriegsschäden beseitigt sind. Vor besondere Probleme stellt alle Beteiligten das mittelalterliche Steinwerk des Chors aus Trachyt, das sehr stark angegriffen ist und in den nächsten Jahren saniert werden muss. Auch an den Türmen sind Maßnahmen erforderlich, denn die Anker und Dübel aus Eisen, mit denen die vielen Fialen, Wimperge und Kreuzblumen gesichert sind, beginnen zu rosten und drohen die Steine zu sprengen. Es ist also vorherzusehen, dass niemand der heute Lebenden den Dom jemals ohne Gerüste erblicken wird. Der Kölner Volksmund kommentiert das so: »Wenn der Dom fertig ist, geht die Welt unter.«

II. Bauteile und Kunstwerke

Einen Rundgang durch und um den Dom beginnt man am besten vor der Westfassade. Im Folgenden werden die einzelnen Bauteile und Ausstattungswerke beschrieben.

Die Westfassade (B) (Cover)

Die Westfassade des Doms ist mit fast 7000 Quadratmetern Fläche die größte Kirchenfassade, die jemals gebaut wurde. Darüber hinaus ist sie völlig einheitlich gestaltet, denn sie folgt ziemlich getreu dem noch erhaltenen, 4,05 Meter hohen Pergamentplan (dem »Fassadenplan F«), der um 1280 wahrscheinlich von dem damaligen Dombaumeister Arnold oder seinem Sohn und Nachfolger Johannes gezeichnet wurde (**72**).

Abb. 8 Das Petersportal (1)

Jonathan·sprach·zu·David·gehe·hin·mit·Frieden·
denn·er·hatte·ihn·so·lieb·als·seine·Seele·1·Sam·20
Wie·sollt·ich·denn·nun·ein·solch·groß·Uebel·
thun·und·wider·Gott·sündigen·1·Mos·39·9·
Der·Herr·thue·mir·dies·und·das·der
Tod·muß·mich·u·dich·scheiden·Ruth·1·17
Vater·ich·habe·gesündiget·in·den·Himmel·und·vor·dir·
ich·bin·fort·nicht·mehr·werth·daß·ich·dein·Sohn·heiße·Luc·15·
Herr·Jesu·nim·meinen·Geist·auf·Ap·Gesch·7·58
Herr·behalte·ihnen·diese·Sünde·nicht·i·7·59
Selig·sind·die·Barmherzigen·denn·sie·
werden·Barmherzigkeit·erlangen·Matth·5·7·

Die sehr strenge und einfache Grundstruktur der Fassade lässt vermuten, dass dieser Plan die Überarbeitung eines sehr viel älteren, noch auf Meister Gerhard zurückgehenden Entwurfs ist.

Der Bau der Fassade begann um 1360 mit dem Südturm. Als Material diente wie bei allen mittelalterlichen Bauteilen der Trachyt vom im Siebengebirge gelegenen Drachenfels. Bis um das Jahr 1410 wurden zweieinhalb Geschosse errichtet, doch erst im 16. Jahrhundert entstanden die unteren sechs Meter der Westwand des Nordturms. Alle übrigen Teile wurden zwischen 1845 und 1880 aus Obernkirchener Sandstein erbaut.

Die Gliederung der Fassade ist trotz der verwirrenden Vielfalt der Einzelformen klar und übersichtlich. Jedes Geschoss besteht aus Unterwand und Fenster. Die beiden unteren Geschosse entsprechen den Seitenschiffen und dem Mittelschiff des Innenraums. Das Mittelschiff reicht bis in die Spitze des großen Fensters zwischen den Türmen. Wie der Innenraum fünf Schiffe hat, so hat die Fassade fünf Achsen, sodass auf jeden Turm in den beiden unteren Geschossen zwei Fensterachsen entfallen. Darüber werden die Türme sacht ins Achteck übergeleitet, kaum merklich im dritten, jedoch voll entwickelt im achtfenstrigen vierten Geschoss. Der Übergang wird durch die riesigen Fialentürme überspielt, die über den Hauptstrebepfeilern aufsteigen und an den Ecken des vierten Geschosses noch mehr als 33 Meter hoch frei emporragen. Den Abschluss bilden die über 50 Meter hohen durchbrochenen Helme, die mit großen, einen Meter ausladenden Krabben besetzt sind und von zwei je 8,65 Meter hohen Kreuzblumen bekrönt werden. Deren unterer Blattkranz hat einen Durchmesser von 4,58 Metern. Eine originalgroße Nachbildung auf dem Platz vor dem Dom verdeutlicht die enormen Abmessungen dieser Aufbauten. Relativ klein durchbrechen die drei Portale die geschlossene Fassadenwand. Nur das südliche (1; Abb. 8) gehört mitsamt seinem Figurenschmuck noch dem Mittelalter an.

Abb. 9 Sechs Szenen aus dem großen Westfenster (4): David und Jonathan, Josef und die Frau des Potiphar, Ruth und Noomi, der verlorene Sohn, die Steinigung des Stephanus, der barmherzige Samariter

1 *Das Petersportal, um 1370–1380* (Abb. 8)
Zu beiden Seiten der mit Bronzeflügeln versehenen Tür stehen große Gewändefiguren, von denen fünf noch alt sind: nördlich (links, von innen nach außen) die Apostel Petrus, Andreas und Jakobus, südlich (rechts) Paulus und Johannes. Wegen ihres schlechten Erhaltungszustands mussten die Originalstatuen abgenommen und durch Kopien in Steinguss ersetzt werden. Im Tympanon (Bogenfeld über der Tür) sitzen unten sechs Propheten. Darüber sieht man Szenen aus dem Leben der Apostel Petrus und Paulus. In der Spitze schwebt der Magier Simon, der sich mithilfe des Teufels in die Lüfte zu heben vermochte (legendär nach Apg 8,9–24); auf das Gebet der Apostel hin stürzt er hinab. Darunter sind (von rechts nach links) die Verurteilung der Apostel durch Kaiser Nero (sitzend), die Enthauptung des hl. Paulus und die Kreuzigung des hl. Petrus dargestellt. In den vier Archivolten (Hohlkehlen über den großen Standfiguren) sitzen 34 Himmelsbewohner (Kopien). Von innen nach außen sieht man: 1. Sechs Propheten; 2. Vier Evangelisten und vier Kirchenväter; 3. Fünf heilige Frauen und fünf Märtyrer; 4. Fünf Engel und fünf Erzengel. Die nachmittelalterlichen Figuren des Petersportals stammen wie die der übrigen Portale der Westseite (2 und 3) und der Nordseite (146–148) aus der Werkstatt des Dombildhauers Peter Fuchs, der zwischen 1869 und 1884 über 700 Plastiken für den Dom lieferte.

2 *Das Mittelportal (Hauptportal)*
Es ist 9,30 Meter breit und einschließlich seines Wimpergs mehr als 28 Meter hoch. Sein heilsgeschichtliches Thema ist die Zeit vor der Erlösung. Im Tympanon sind in vier Reihen von oben nach unten biblische Szenen dargestellt: 1. Der Sündenfall; 2. Die Arche, die Gesetzgebung auf Sinai und das Goldene Kalb; 3. Verkündigung und Geburt Jesu, die Darstellung im Tempel; 4. Der zwölfjährige Jesus im Tempel, die Taufe Jesu und die Bergpredigt. In den Archivolten sitzen Engel und alttestamentliche Personen sowie Sonne, Erde und Mond. Die Gewändefiguren stellen die großen Gestalten dieses Heilszeitraums dar: links von Adam bis zu Johannes dem Täufer, rechts von Eva bis Josef. Am Mittelpfosten steht, unter einem besonders kunstvollen Baldachin, die hoheitsvolle Gestalt der Maria mit dem Kinde. Im Wimperg über dem Portal thront Christus als Weltenrichter zwischen vier

Propheten. Auf den Giebelschrägen stehen Engel mit den Leidenswerkzeugen Christi, zuoberst der mit dem Kreuz. Diese neun Figuren stammen von Erlefried Hoppe (1955/56), alle übrigen von Peter Fuchs (1872–1880). An den Außenpfeilern stehen zu beiden Seiten des Portals weltliche Herrscher, links die Kaiser Konstantin und Karl der Große, rechts Heinrich II. und König Stephan von Ungarn.

3 *Das Nordportal oder Dreikönigenportal*

Der Figurenschmuck wurde auch hier von Peter Fuchs geschaffen. Das Portal wurde im Zweiten Weltkrieg besonders stark beschädigt. Die vier äußeren Figuren links (Abel, Jafet, Hiob, die Königin von Saba) sowie die Köpfe der meisten übrigen Figuren (Gestalten des Alten Bundes und die Heiligen Drei Könige) wurden von Elisabeth Baumeister-Bühler (1958–1960), die Engel auf dem Wimperg von Klaus Iserlohe und Erlefried Hoppe (1956–1958) neu geschaffen.

Die Bronzetürflügel aller drei Portale zeigen in zartem Relief gotisches Maßwerk, Engel, Symbolfiguren und Schrift. Sie wurden 1887–1890 von Hugo Schneider aus Kassel entworfen und weisen mit ihrer den neugotischen Naturalismus bereits überwindenden Stilisierung auf den kommenden Jugendstil hin.

Die Vorhalle (C) und die Nordturmhalle (D, links)

Der Raum zwischen den beiden Westtürmen wird als Vorhalle bezeichnet. Er öffnet sich in voller Höhe zum Mittelschiff, ist aber wegen der gewaltigen Turmpfeiler erheblich schmäler als dieses und wirkt dadurch sehr viel steiler. Zusammen mit den beiden Erdgeschosshallen der Türme bildet das Innere des Westbaus eine architektonische Einheit mit eigenem Formenschatz. In diesem Bereich laufen die Rippen und Gurtbögen der Gewölbe in Gestalt reich profilierter Birnstäbe ohne Unterbrechung bis auf die Sockel der Pfeiler hinunter. Kapitelle finden sich nur noch an den je vier Rippendiensten der beiden Mittelschiffjoche.

4 *Das große Westfenster über dem Eingang*

Das mit doppeltem Maßwerk ausgestattete Fenster ist im Krieg zerstört worden. Die äußere Schale wurde bereits 1955, die innere erst 1993 wiederhergestellt. Seitdem ist auch das 1865–1870 von Carl Julius Milde in Lübeck geschaffene Glasgemälde wieder eingesetzt. Die Längsbahnen führen dem Betrachter in 18 Szenen aus dem Alten und Neuen Testament gute und schlechte Taten vor Augen. Darüber ist das Jüngste Gericht zu sehen (Abb. 9).

5 *Die Fenster der Nordturmhalle*

Die farbigen Glasgemälde mit biblischen Szenen hat der Wiener Historienmaler Johannes Klein entworfen, der vor allem durch seine Messbuchillustrationen bekannt geworden ist. Die Fenster wurden in der Manufaktur der Tiroler Glasmalerei in Innsbruck hergestellt und 1884 eingesetzt. Ursprünglich erstreckte sich der Zyklus über alle acht Erdgeschossfenster der Turmhallen, doch nur die beiden in der Nordwand haben den Krieg überdauert. Das rekonstruierte Fenster über dem Portal illustriert die Schöpfungsgeschichte. Im großen Fenster der Westseite ist die Ordnung der Welt illustriert; es bietet Darstellungen der Elemente, der Monate, der Jahres- und Tageszeiten und der Sieben Freien Künste. Das linke Fenster in der Nordwand zeigt Szenen aus dem Alten Testament, in den beiden linken Bahnen sind die Sintflut und die Abrahams-Erzählung, in den beiden rechten das Leben Josefs zu sehen. Im östlichen Fenster ist die Geschichte des Volkes Israel von der Auffindung des Moses bis zum Wiederaufbau des Tempels dargestellt. Alle Szenen sind in einer eindrucksvollen, leicht nachvollziehbaren Bildsprache geschildert (ein Sonderheft zu den Fenstern des Johannes-Klein-Zyklus ist im Domshop [152] erhältlich).

6 *Die Grablegung Christi*

Nikodemus und Josef von Arimathäa halten das Leichentuch mit dem toten Jesus. Hinter diesem stehen seine Mutter Maria, gestützt durch den Jünger Johannes, sowie die Frauen, die als Erste zu seinem Grabe kamen: Maria Magdalena, Maria, die Mutter Jacobi, und Salome, alle drei mit ihren Salbgefäßen (Mk 16,1). Das von Bildhauern aus dem Raum Ulm/Blaubeuren um 1500 geschaffene Werk erhielt 1895 einen neugotischen Baldachin von Wilhelm Mengelberg und Sockelfiguren (Propheten) von Peter Fuchs. Seitdem dient es als 14. Kreuzwegstation (vgl. 17 und 124).

Das Mittelschiff des Langhauses (E)

(Abb. 10)

Alle Mittelschiffe des Doms in Langhaus, Querhaus und Chor sind in ihren Abmessungen und Gliederungen praktisch gleich. Die lichte Weite

Abb. 10 Blick durch Langhaus und Chor des gotischen Doms

beträgt 12,50 Meter, die Höhe 43,35 Meter, der Pfeilerabstand (Jochweite) etwa 7,50 Meter. Die Wände sind in drei Geschosse unterteilt: in die Arkaden (das sind die Pfeiler mit den Spitzbögen des Erdgeschosses), das Triforium (Zwischengeschoss) und den Obergaden (Obergeschoss). Die Arkaden bestehen in ihrem unteren Teil aus 13,20 Meter hohen Bündelpfeilern, bei denen zwölf Rundstäbe (auch Dienste genannt) den runden Kern umstehen. Die Dienste sind verschieden stark und entsprechen jeweils der Breite der von ihnen aufgenommenen Gewölberippen. Die drei zum Mittelschiff zeigenden Dienste steigen bis zum Gewölbekapitell auf, unterbrochen nur durch die Pfeilerfiguren. Über den drei seitlichen Diensten erheben sich reich profilierte Bögen, die im Langhaus mit Laubwerkkrabben besetzt sind; die drei im 16. Jahrhundert entstandenen westlichen Arkaden der Nordseite gehören in ihrer Formensprache noch ganz dem Mittelalter an. Den Abschluss bildet die 19,75 Meter hoch gelegene Sohlbank des Triforiums. Dies ist ein Laufgang von etwa einem Meter Breite und 5,80 Metern Höhe, der nach außen verglast ist und zum Inneren hin nur ein offenes, steinernes Maßwerk besitzt. Der Obergaden besteht fast nur aus den gewaltigen Fenstern. Die verbleibenden Wandpfeiler sind sehr schmal und vermögen den Schub der Gewölbe alleine nicht aufzuhalten. Deshalb sind von außen die Strebebögen angesetzt. Die Fenster sind 5,85 Meter breit und 17,80 Meter hoch und in je vier Bahnen aufgeteilt. Fenster und Triforium korrespondieren in ihrer Gliederung, sodass sie wie eine Einheit wirken. Dadurch wird der Obergaden optisch noch erhöht.

Ein einzigartiger Höhendrang des Mittelschiffs zeichnet das Innere des Kölner Doms vor allen anderen hochgotischen Kathedralen aus. An dem etwa 120 Meter langen Hauptraum wurde im Laufe von sieben Jahrhunderten während insgesamt fünf großer Bauepochen gear-

beitet. Dennoch ist das ursprünglich angestrebte Ziel erreicht worden: ein Kircheninneres, das im Vollklang einer einheitlich hochgotischen Architektur erstrahlt und das noch heute bei jedem Besucher einen bleibenden Eindruck hinterlässt.

7 *Die Schwalbennest-Orgel* an der Nordwand des Langhauses wurde im Jahre 1998 von der Orgelbauwerkstätte Klais in Bonn erbaut. Sie enthält 53 Register, darunter ein offener 32'.

8 *Die Pfeilerfiguren*

An den Pfeilern der Turmhallen stehen Gestalten des Alten Bundes, an denen des Lang- und des Querhauses Heilige des Frankenreichs. Die meisten der insgesamt 46 Figuren schuf Peter Fuchs, nur die sechs des südlichen Querhauses sind von Anton Werres gefertigt worden (1866–1883). Die Konsolen und Baldachine gehören fast alle noch dem 14. und 15. Jahrhundert an, die Fialenaufsätze wurden im 19. und 20. Jahrhundert ergänzt (Abb. 10).

9 *Die Papstgedenkplatten*

Am ersten Pfeiler links erinnert eine gebogene Bronzetafel von Elmar Hillebrand (1985) an den Besuch von Papst Johannes Paul II. am 15. November 1980. Die Gedenktafel am gegenüberliegenden Pfeiler hat Heribert Calleen aus Anlass des Besuchs geschaffen, den Papst Benedikt XVI. am 18. August 2005 dem Dom abgestattet hat.

10 *Der hl. Michael*

Am zweiten Pfeiler hängt eine gewaltige, 1919 von Georg Grasegger geschaffene Eichenholzplastik des hl. Michael, die an die Toten des Ersten Weltkriegs gemahnt. Die beiden Personen am unteren Rand sind der Dompropst Arnold Middendorf und der Dombaumeister Bernard Hertel, der im Krieg selbst einen Sohn verlor (Abb. 10).

11 *Die Rubens-Teppiche*

Die acht großformatigen Gobelins gehen auf Peter Paul Rubens zurück, der um 1625 für die Wandbehänge des Klosters der »Königlichen Barfüßerinnen« in Madrid die Kartons anfertigte. Nach diesen wurde in Brüssel eine zweite Serie von Teppichen gewebt. Sie gelangten um 1688 in den Dom, wo sie bis 1856 die Chorschranken (54) bedeckten. Heute werden sie während einiger Frühsommerwochen (vor Pfingsten) zwischen den Pfeilern des Mittelschiffs aufgehängt. Dargestellt ist der Triumph der Eucharistie über die Opfer des Alten Bunds, über Unglauben und Häresie (eine ausführliche Beschreibung ist in der Schatzkammer und an der Turmbesteigung erhältlich).

Abb. 11 Das Petrus-und-Wurzel-Jesse-Fenster (13)

Die nördlichen Seitenschiffe (F)

Die Pfeiler, die Außenwände und die sechs westlichen Gewölbe sind im 15./16. Jahrhundert erbaut worden, die übrigen Gewölbe erst 1848. In den Jahren 1507–1509 wurden die fünf prachtvollen Glasgemälde eingesetzt. Die Entwürfe stammen von bedeutenden Vertretern der Kölner Malerschule (Meister von St. Severin, Meister der Heiligen Sippe). Doch auch die Ausführung durch eine Kölner Werkstätte zeugt von hoher Meisterschaft. Die Brillanz der Farben wetteifert mit den vielfältigen glasmalerischen Bearbeitungsweisen, die zur Verwirklichung der künstlerischen Vorlage eingesetzt wurden. Dank der hohen technischen Qualität ist der gesamte Zyklus vorzüglich erhalten. Die Verglasung der Bogenfelder oberhalb der Kapitelle wurde im 19. Jahrhundert unter Verwendung zahlreicher Fragmente älterer Glasmalereien aus abgebrochenen Kölner Kirchen hinzugefügt.

12 *Das Leiden-Jesu-Fenster*

Das Fenster wurde vor 1508 von dem späteren Erzbischof Philipp von Daun (1508–1515) gestiftet, als er noch Domdechant war. Es zeigt unten den Stifter und seine Eltern mit Wappen, darüber Laurentius und Maria und oben Szenen aus der Leidensgeschichte Jesu.

13 *Das Petrus-und-Wurzel-Jesse-Fenster*

Nach seiner Wahl zum Erzbischof stiftete Philipp von Daun ein weiteres Fenster. Unten kniet der Stifter vor den hll. Petrus und Sebastian, umgeben von 16 Wappen, der sogenannten »Ahnenprobe« des Erzbischofs (Anwärter auf einen Sitz im Domkapitel mussten 16 hochadelige Vorfahren nachweisen). Darüber erscheint links die Geschichte des hl. Petrus, rechts eine Wurzel Jesse (Abb. 11).

14 *Das Geburt-Christi-Fenster*

1507 stiftete die Stadt Köln dieses mittlere Fenster der Nordwand. Unten stehen Agrippa als Gründer der Stadt und Marsilius, ein sagenhafter Held der Kölner Frühzeit. Dazwischen sieht man die prächtigen Stadtwappen mit den Kronen der Heiligen Drei Könige auf rotem und einem Rankenmuster auf weißem Grund. Darüber stehen die hll. Stadtpatrone Georg, Mauritius, Gregor und Gereon als ritterliche Helden. Das Hauptfeld zeigt die Anbetung der Hirten. In der linken Bahn erkennt man Moses vor dem brennenden Dornbusch als typologisches Vorbild der Geburt Christi (vgl. die Bibelfenster; 73 und 88).

15 *Das Anbetungsfenster*

Gestiftet von Erzbischof Hermann von Hessen (1480–1508), wurde es erst nach dessen Tode eingesetzt. Die 16 Wappen in den untersten Reihen bieten wieder eine Ahnenprobe des Stifters. Darüber erscheinen seine Patrone: Petrus, der den knienden Erzbischof vorstellt, Maria, Elisabeth als leibliche Vorfahrin des Stifters und Christophorus. Im Hauptfeld sieht man rechts die Anbetung der Heiligen Drei Könige, die Szene links mit der Königin von Saba vor Salomo dient wiederum als alttestamentliches Vorbild (vgl. 73 und 88).

16 *Das Marienkrönungs-Fenster*

Es wurde von Philipp II. von Virneburg gestiftet, der in der unteren Reihe mit seiner verstorbenen ersten und seiner damals noch lebenden zweiten Frau dargestellt ist. Darüber erkennt man die hl. Maria Magdalena und den hl. Georg, ganz oben die Krönung Mariens.

17 *Der Kreuzweg*

Zwischen 1893 und 1898 schuf Wilhelm Mengelberg zwölf Kreuzwegstationen, die man in die ehemaligen mittelalterlichen Altarschränke in den Außenwänden des Langhauses einfügte. Die erste Station, die Verurteilung Jesu durch Pilatus, befindet sich in der Wand zwischen dem Nordturm und dem äußeren Seitenschiff. Die Stationen zwei bis sechs folgen unter den Glasgemälden (12–16). Die siebte Station liegt gegenüber der sechsten in der Wand des südlichen Seitenschiffs unter dem Fenster mit der Steinigung des hl. Stephanus (119). Die im Krieg zerstörte neunte Station (unter dem Bayernfenster mit der Beweinung Christi; 121) wurde 1981 von Elmar Hillebrand neu geschaffen (13. Station im Südturm, 124; 14. Station im Nordturm, 6).

18 *Das Emundus-Epitaph*

Die weiße Marmortafel mit dem schlichten schwarzen Rahmen, die im 18. Jahrhundert als Ersatz für eine verloren gegangene Bronzetafel hier angebracht wurde, erinnert an das in oder neben diesem Pfeiler gelegene Grab des Grafen Emundus von Friesheim († nach 825), der dem Dom reiche Stiftungen und eine kostbare Handschrift hinterlassen hat.

19 *Der Clarenaltar*

Dieses künstlerisch bedeutendste und mit 6,10 Meter Breite größte Altarwerk des 14. Jahrhunderts in Köln ist das älteste bekannte Retabel mit fest eingebautem Sakramentstabernakel. Der Altar wurde um 1350 für die 1804 abgebrochene Franziskanerinnen-Klosterkirche St. Clara geschaffen und kam 1811 in den Dom. Nach langjähriger Restaurierung wurde er 1982 hier aufgestellt. Bei völlig geschlossenem Zustand sieht man auf den Außenseiten der Flügel (es sind wohl die ältesten erhaltenen Leinwandgemälde überhaupt!) zwölf franziskanische Heilige. Die erste Öffnung zeigt 24 Szenen aus dem Leben Jesu, unten die Kindheit, oben die Leidensgeschichte (Abb. 12). In der Mitte auf der Tabernakeltür ist die Martinsmesse dargestellt. Alle Bilder wurden um 1400 unter Beibehaltung der Themen im Stile jüngerer Meister und mit größerem Detailreichtum übermalt. Auf den Außenflügeln legte man 1909 die Erstfassung wieder frei, sodass heute zwei Stilstufen kölnischer Tafelmalerei sichtbar sind. Bei voller Öffnung (an Festtagen) erscheinen im reich geschnitzten Innenschrein oben Christus mit den Aposteln und unten die für Köln typischen Büsten mit Reliquien von Jungfrauen aus dem Gefolge der hl. Ursula. Das prachtvolle neugotische Gemälde auf der Rückseite, die »Allerheiligste Dreifaltigkeit«, wurde 1907 von Wilhelm Mengelberg hinzugefügt.

20 *Das Adlerpult*

Der aufwendige Bronzeguss ist eine 1854 geschaffene Kopie des von Jean Josès um 1370 gefertigten Lesepults in der Marienkirche in Tongern und kam über den Architekten Vincenz Statz an den Dom.

21 *Die hl. Ursula*

Diese farbig bemalte Holzstatue unbekannter Herkunft aus dem frühen 16. Jahrhundert, die der Frankfurter Stadtpfarrer Münzenberger 1895 dem Dom vermachte, zeigt die Patronin der Stadt Köln, unter deren Mantel die Jungfrauen ihres Gefolges Schutz suchen.

Das nördliche Querhaus (G)

Die Arkaden tragen hier keine Krabben wie im Langhaus. Die Pfeiler und die beiden an die Vierung anschließenden Fenster der Mittelschiff-Ostwand gehören noch dem 13. Jahrhundert an, die westlichen Pfeiler dem 15. Jahrhun-

Abb. 12 Der Clarenaltar (19): der Mittelschrein bei erster Öffnung, unten Szenen aus der Kindheit Jesu, oben aus der Leidensgeschichte, auf der Mitteltür die Martinsmesse, darüber Christus als Salvator

dert. Alle übrigen Bauteile wurden 1844–1863 errichtet, die Gewölbe nach Kriegszerstörung bis 1956 erneuert.

22 ***Die Nordwand des Querhauses***

Dombaumeister Zwirner, der beide Querhausfassaden neu entwarf, versah die Innenseiten mit reichen Maßwerkfeldern, in deren Nischen Heilige und Engel unter Baldachinen zur Aufstellung gelangen sollten. Weil an der Nordseite früher die im Kriege zerstörte Orgel stand, fehlt hier der Figurenschmuck, der gegenüber auf der Südseite wie vorgesehen ausgeführt wurde (vgl. **112**).

23 ***Das große Nordfenster***

Anlässlich der Erhebung des Erzbischofs Johannes von Geissel (1841–1864) zum Kardinal im Jahre 1850 stifteten Kölner Bürger dieses Fenster, das in der Werkstätte Friedrich Baudri geschaffen und 1865 eingesetzt wurde. Doch nur die großen Standfiguren, Gestalten des Alten Bundes, stammen noch aus dieser Zeit. Die Bahnen darüber wurden 1980 von Hubert Schaffmeister hinzugefügt, die Maßwerkbekrönung von Wilhelm Teuwen bereits 1968.

24 ***Das Halbfenster in der Westwand des Querhauses***

Die Scheiben stammen aus abgebrochenen Kölner Kirchen. Sie zeigen das Leben Jesu und andere biblische Szenen und wurden 1525 und 1560 in Köln hergestellt.

25 ***Das Kinderfenster***

Kölner Kinder spendeten nach dem Dombaufest von 1948 Geld für ein Glasgemälde im Dom, wie es die vierte Szene von unten in der rechten Außenbahn zeigt. Das Fenster wurde 1960–1965 von Bernhard Kloss entworfen und vereinigt Szenenfolgen, bei denen Kinder im Alten und im Neuen Bund sowie im Leben der Kirche eine Rolle spielen.

26 *Die Obergadenfenster*

Hier sind Fenster des Zyklus eingesetzt, den der Maler Michael Welter um 1870 für den Obergaden des nördlichen Lang- und Querhauses entworfen hatte. Nachdem sie vor dem Zweiten Weltkrieg dort ausgebaut worden waren, sind sie ab 2005 – ergänzt durch rekonstruierte Ornamentbahnen nach den Originalentwürfen von Wilhelm Hoffmann – ins Nordquerhaus an neue Standorte zurückgekehrt. Sie zeigen Gestalten des Alten Testaments, beginnend am nördlichen Ende der Westwand mit Adam. Die Wiedereinglasung war durch private Spender ermöglicht worden, deren Namen jeweils in der unteren Zeile verzeichnet sind (Abb. 13).

27 *Der Dreikönigenaltar*

Der hohe Marmoraufbau war ursprünglich die Front des zwischen 1668 und 1683 entstandenen Dreikönigenmausoleums in der Achskapelle (M4), in dem bis 1864 der Dreikönigenschrein (51) stand. Nachdem es 1889 abgebrochen worden war, ließ das Domkapitel 1920 die Vorderseite hier als Altar wieder aufbauen. Über dem Giebel erhebt sich der Stern von Bethlehem zwischen zwei Frauengestalten mit Wappen, darunter zeigt ein großes Alabasterrelief die Anbetung der Heiligen Drei Könige. Seitlich stehen Marmorstatuen der hll. Felix und Nabor, 1699 von Michiel van der Voort hinzugefügt. Durch das Bronzegitter konnte man von 1920 bis 1939 auf den in der dahinterliegenden Schatzkammer aufbewahrten Dreikönigenschrein sehen. In der Vitrine davor steht heute die hochverehrte, reich mit Schmuck behängte Gnadenmadonna aus dem 18. Jahrhundert. Seitlich kragen zwei virtuose Schmiedeeisenleuchter vor, wahrscheinlich von der Hand Gottfried Jungbluths, der sie um 1769 zusammen mit dem ursprünglich im Hochchor stehenden Altargitter schuf. Am Altar rechts liest man eine Inschrift zum Gedächtnis an den späteren Papst Johannes XXIII., der hier am 27. Dezember 1921 das Messopfer feierte.

28 *Die Jahresstäbe über der Tür zur Schatzkammer*

Sie zeigen, einem sehr alten Brauch folgend, an, wie viele Jahre der regierende Erzbischof im Amte ist. An der Wand darunter wird die als Geschenk des Erzbischofs Joachim Kardinal Meisner an den Dom gekommene Blutreliquie Papst Johannes Pauls II. verehrt.

29 *Die große Orgel*

Die Orgel steht auf einer 1948 erbauten, von zwei Betonpilzen getragenen Empore. Die Gemälde auf der Unterseite (Peter Hecker, 1964) zeigen die Bedeutung der Musik im Gottesdienst des Alten (Nordseite) und des Neuen Bundes (Südseite). Über dem Südpfeiler gegenüber der Treppe zur Krypta sieht man Joseph Kardinal Frings beim Geigenspiel. Das Orgelwerk wurde 1948 von Johannes Klais in Bonn geschaffen, 1956 auf 88 Stimmen erweitert und 2001 restauriert und um etwa zwei Meter höher gesetzt. Die Reliefs mit dem Jüngsten Gericht und der Auferstehung der Toten an der Ostseite der hölzernen Emporenbrüstung hat der Bildhauer Manfred Saul nach dem Zweiten Weltkrieg geschaffen.

30 *Das Epitaph des Dombaumeisters Konrad Kuene (1445–1469)*

Über einer Inschriftenplatte kniet der Dombaumeister, vorgestellt vom hl. Andreas, vor einer Statue der Gottesmutter.

31 *Die Krypta*

Vor dem Gitter, das in den Umgangschor führt, kann man in die Unterkirche hinabsteigen. Ein Teil des Ausgrabungsareals unter dem Hochchor wurde 1960 nach einem Entwurf des damaligen Dombaumeisters Willy Weyres zu einer modernen Krypta umgestaltet. Die Stuckdecke stammt von dem Bildhauer Erlefried Hoppe. Der Raum dient zugleich als Vorraum und Grabkapelle der östlich anschließenden erzbischöflichen Gruft, die hinter dem schmiedeeisernen Gitter von Paul Nagel liegt. Die Längswände der Gruft beherbergen die erzbischöflichen Bestattungen, die mit reliefierten Tuffsteinplatten verschlossen sind. Diese tragen die Namen, Daten und Wappen der jeweils beigesetzten Erzbischöfe. Deren Namen stehen auch an den Wänden der Krypta. Die Gruft ist nur über einen Steg begehbar, weil sich darunter ein Teil des Grabungsareals befindet, das sichtbar bleiben sollte. Dort hatte man beim Bau der modernen Bischofsgruft in den Jahren 1958–1960 zwei Fürstengräber aus der Zeit um 540 gefunden. Sie bieten, neben den Resten einer für das 6. Jahrhundert typischen Kanzelanlage, entscheidende Hinweise auf eine frühchristliche Kirche an dieser Stelle.

Abb. 13 Das Salomonfenster aus dem Obergaden des Nordquerhauses nach dem Entwurf von Michael Welter (26)

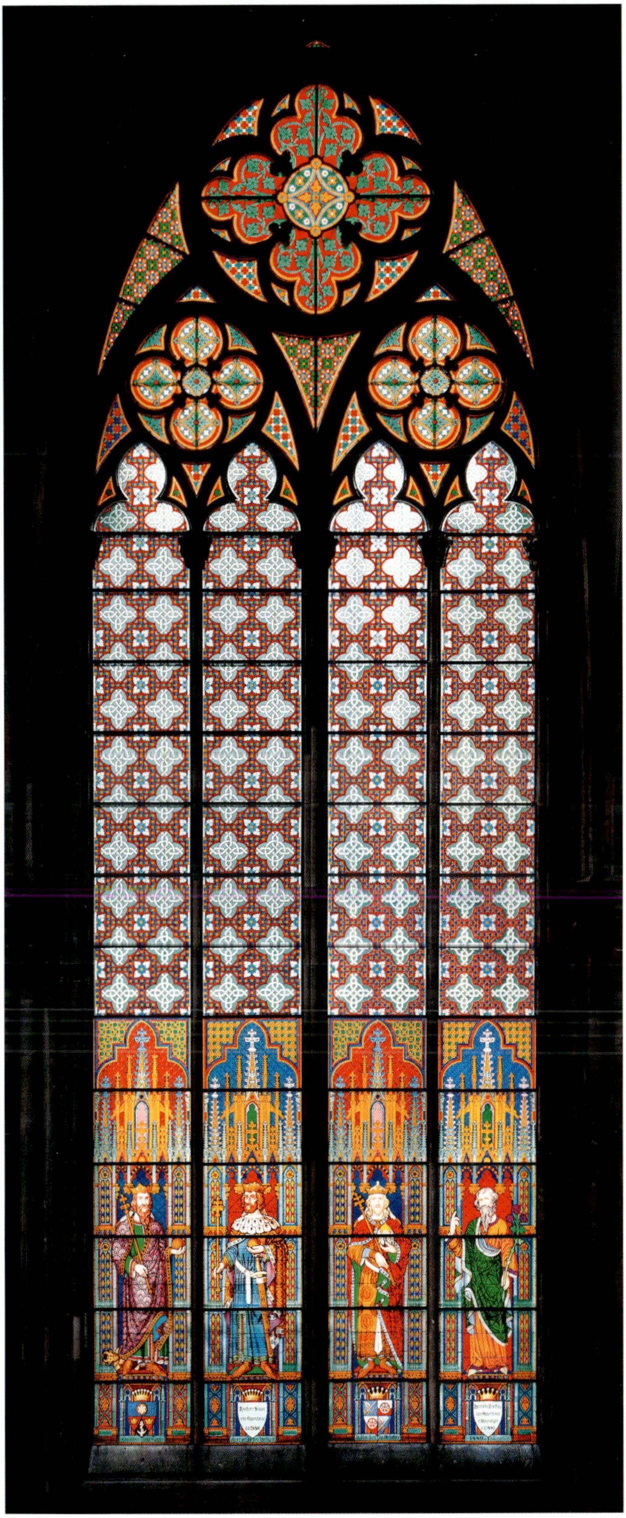

An der Nordwand der Krypta verzeichnet eine Tafel, die Markus Heindl gestaltet hat, die Namen derjenigen Heiligen und Seligen, die in ihrem Leben den Kölner Dom besucht haben. An der Südwand wurde Jakob Schorbs Büste des Kölner Erzbischofs Clemens August von Droste zu Vischering (1836–1845) auf einem von Markus Heindl neu geschaffenen Sockel aufgestellt.

Die Hubertuskapelle (H)

Eingebaut in das östliche Seitenschiff des Nordquerhauses, besteht die Hubertuskapelle aus zwei Jochen mit spätgotischen Netzgewölben, von denen das nördliche 1845 nach dem Vorbild des südlichen hinzugefügt wurde. Dieses entstand um 1500 und diente ursprünglich als Eingangshalle des Doms. Im Raum darüber war bis 1794 die berühmte Dombibliothek untergebracht. Das Gewölbe wird durch neun große, farbige Schlusssteine geschmückt, die die sogenannte »Heilsgenealogie« darstellen. Das Heil der Menschen kommt von Christus, der in der Mitte auf dem Arm der Maria thront. Es gelangt über die Evangelisten an die Kirchenväter und von diesen zu uns. 2014 wurde an der Westwand die Rückseite des barocken Dreikönigenmausoleums aufgestellt, dessen Front beim Dreikönigenaltar mit der Gnadenmadonna (27) Verwendung gefunden hat. Das Mausoleum stammt von dem Bildhauer Heribert Neuss, der es 1668–1683 geschaffen hat. Das Relief zeigt die Übertragung der Reliquien der Heiligen Drei Könige in den noch unfertigen Dom. Im Zug ist Erzbischof Rainald von Dassel auszumachen, der die Reliquien von Mailand nach Köln gebracht hat.

Durch die Hubertuskapelle gelangt man in den Domladen und in die Schatzkammer.

Die Vierung (I)

Ursprünglich sollte der Dreikönigenschrein (51) in der Mitte der Vierung stehen, die jedoch im Mittelalter nicht vollendet wurde. Die Ostpfeiler gehören noch dem 13. Jahrhundert an, die Westpfeiler unten dem 14. und 15., oben dem 19. Jahrhundert. Das Gewölbe wurde 1863 eingezogen. Nach 1948 wurde die Vierung schrittweise zum liturgischen Zentrum des Doms umgestaltet. Die Ausstattung macht die drei Hauptaufgaben des Bischofs als Hirte (Kathedra, Thronsitz), Lehrer (Kanzel) und Priester (Altar) seines Bistums deutlich.

Abb. 14 Erzbischof Hildebold mit dem Modell des Alten Doms, erstes Feld des Fußbodenmosaiks im Chorumgang (36)

32 *Die Kathedra*

Der Thronsitz für den Erzbischof wurde 1952 von Dombaumeister Willy Weyres entworfen und von Domschreiner Anton Rücker aus Kirschbaumholz gefertigt. Auf den Wangen sieht man Christus, der Petrus die Schlüssel reicht (Mt 16,19), und Petrus bei der Übergabe seines Stabs an den hl. Maternus, den ersten (namentlich bekannten) Bischof von Köln. Über dem Thron hängt das Wappen des regierenden Erzbischofs Rainer Maria Wölki.

33 *Die Kanzel*

Die feine Renaissancearbeit aus Eichenholz mit ihren ausdrucksvollen Skulpturen entstand im Jahre 1544 und wurde im noch unfertigen Langhaus aufgestellt. Diese älteste erhaltene Kanzel in Köln ist ein Beleg dafür, dass das Langhaus schön sehr früh für Volksgottesdienste genutzt wurde. In der Zeit nach dem Zweiten Weltkrieg gelangte sie an die jetzige Stelle.

34 *Der Vierungsaltar, die vier Standleuchter, die Kommunionschranken und die Lesepulte*

Sie wurden zwischen 1960 und 1971 von Elmar Hillebrand in Bronzeguss geschaffen. Der Mosaikfußboden von August Essenwein aus dem Jahre 1889 (36) ist unter dem hölzernen Altarpodium unversehrt erhalten. Das Vierungspodest nach einem Entwurf von Dombaumeister Arnold Wolff wurde Ende der 1990er-Jahre aufgestellt; 2007 wurde es durch Teppiche des Künstlers Hanns Herpich ergänzt.

35 *Die Pfeilerstatuen*

An den Vierungspfeilern stehen vier Evangelisten und vier Kirchenväter. Sie wurden von Peter Fuchs geschaffen und 1866 aufgestellt.

Die Kreuzkapelle (J)

Die beiden Seitenschiffe auf der Nordseite des Chors werden auch als »Kapelle des Heiligen Kreuzes« bezeichnet, weil hier der Kreuzaltar steht (42). Die Glasgemälde im oberen Bereich mit ihren fantasievollen Ornamenten schuf Dombaumeister Weyres um 1960.

36 *Der Mosaikfußboden*

Dieses letzte und größte Ausstattungswerk des 19. Jahrhunderts im Dom bedeckt alle Flächen des Chors, insgesamt 1350 Quadratmeter. Es wurde 1885–1892 von August Essenwein entworfen und von Villeroy & Boch in Mettlach ausgeführt. Nach dem Tode Essenweins führte Fritz Geiges die Arbeiten bis 1899 zu Ende. Im Chorumgang sind die Namen, und, soweit bekannt, die Wappen aller Bischöfe und Erzbischöfe von Köln aufgeführt, beginnend mit Maternus (um 313/14) und endend mit Philipp Krementz (1885–1899; vgl. **100**). Das erste Bild zeigt den Erzbischof Hildebold (787–818) mit dem Modell des Alten Doms, von dem man lange Zeit annahm, dass er ihn erbaut habe (Abb. 4 und 14).

37 *Die Chorschranken*

Rechts wird die Rückseite der um 1310 erbauten Chorschranken sichtbar. Sie tragen auf der glatten Innenseite farbige Wandgemälde (**54**). Die Außenseite ist mit besonders schönem Blendmaßwerk versehen, das ursprünglich Malereien umschloss (Abb. 4).

38 *Das Hochgrab des Erzbischofs Engelbert III. von der Mark (1364–1368)*

Schon zu Lebzeiten ließ sich der bei seinem Amtsantritt bereits betagte Engelbert, der vorher zwanzig Jahre Bischof in Lüttich gewesen war, dieses Grabmal errichten. Die Kalkstein-Liegefigur des Verstorbenen mit dem jugendlichen Gesicht ruht auf einer schwarzen Marmorplatte. An den Wänden der Tumba stehen in schlichten Arkaden trauernde Frauen und Männer (Pleurants) in bürgerlicher Tracht. Nach dem Diebstahl einer Figur wurde das Grabmal 1979 mit einem von Paul Nagel geschmiedeten Gitter umgeben.

39 *Das Grabmal Daemen*

Der Domherr und Weihbischof Adam Daemen (1649–1717) ließ sich bereits zu Lebzeiten durch den venezianischen Architekten Matteo Alberti dieses prächtige, 7,70 Meter hohe Grabmal errichten, dessen besonderer Schmuck der virtuos aus Marmor gemeißelte Chormantel über dem Sockel ist.

40 *Das Judenprivileg des Erzbischofs Engelbert II. (1261–1274)*

Die 2,05 Meter hohe Steinurkunde von 1266 enthält einen Erlass des Erzbischofs zum Schutz der in Köln lebenden Juden.

41 *Der hl. Erzbischof Engelbert I. (1216–1225)*

Die Liegefigur aus weißem Marmor wurde 1665 von Heribert Neuss geschaffen und stand ursprünglich hinter dem Hochaltar (**50**), sodass man sie vom Chorumgang aus sehen konnte. Hinter der Skulptur befindet sich ein Wandgemälde mit der Kreuzigung Christi (um 1470).

42 *Der Kreuzaltar mit dem Gero-Kreuz*

(Abb. 15)

Bereits im Alten Dom gab es einen Kreuzaltar, der in der Mitte des Langhauses stand. Für diesen stiftete Erzbischof Gero (969–976) einen überlebensgroßen Kruzifixus, der bald zum Vorbild für zahllose Kreuzigungsdarstellungen im gesamten Abendland wurde. Das Gero-Kreuz entging 1248 beim Brand des Alten Doms der Vernichtung und wurde wahrscheinlich im gotischen Dom zunächst in der Stephanuskapelle (**M7**) aufgerichtet. Doch bereits im 14. Jahrhundert ist es an dem Ort bezeugt, an dem es heute noch zu sehen ist. Im Jahre 1683 stiftete der Domherr Heinrich Mering, dessen Epitaph sich links oben an der Wand befindet, die schwere barocke Marmorumrahmung, für die ein Altar in Rom als Vorbild diente.

Die Höhe des aus Eichenholz geschnitzten Korpus beträgt zwei Meter, die Spannweite der Arme 1,66 Meter. Der mit farbigen Glasflüssen besetzte Nimbus, die Kreuzesbalken und das Lendentuch sind vergoldet, die Haare sind schwarz, das Inkarnat, mehrfach erneuert, ist sehr dunkel. Man kann die Bedeutung des Gero-Kreuzes nur ermessen, wenn man den theologischen Hintergrund kennt. Sein Thema ist nämlich nicht einfach die Kreuzigung Christi, sondern vielmehr die Erlösung der Menschheit. Deshalb hält das Bild genau jenen Moment fest, in dem Christus, der Sohn Gottes, verstirbt. Dieser Augenblick ist aus christlicher Sicht der Wendepunkt der gesamten Weltgeschichte. Zuvor lebte das Volk Gottes unter dem strengen Gesetz, das Moses auf dem Sinai erhalten hatte, nun aber im Zeitalter der Gnade, das durch den Kreuzestod Christi eröffnet wurde.

Das Gero-Kreuz, mit Sicherheit in Köln entstanden, gilt als die älteste erhaltene Großplastik des Abendlands nach der Antike. Gewiss setzt es eine schon in karolingischer Zeit beginnende Tradition von Kreuzigungsdarstellungen, meist Stuckreliefs, fort, doch sind auch Einflüsse aus der byzantinischen Kunst unverkennbar. Im Gegensatz zu den späteren Kreuzen der Roma-

Abb. 15 Das Gero-Kreuz (42)

Abb. 16 Die Sakramentskapelle (K)

nik ist die Gestaltung durchaus realistisch, doch geht dabei, anders als bei den spätgotischen Pestkreuzen, die Hoheit und Würde des Gottessohns nicht verloren. Die Bedeutung des Gero-Kreuzes wird auch deutlich, wenn man sich klarmacht, dass dieses Kultbild seit mehr als eintausend Jahren im Kölner Dom hängt.

Der Stifter, Erzbischof Gero, war von Otto dem Großen nach Byzanz gesandt worden, um dort um die Hand einer Gemahlin für den Thronfolger anzuhalten. Er kehrte mit Theophanu, einer Tochter oder engen Verwandten des byzantinischen Kaisers, zurück, die am 15. April 972 in Rom mit Otto II. die Ehe einging. Nach dessen frühem Tod wurde sie als Regentin des Reiches eine der bedeutendsten Frauengestalten des deutschen Mittelalters. Sie starb 991 und ruht in St. Pantaleon in Köln. In der Fastenzeit vor Ostern wird der Kreuzaltar mit einem Fastentuch verdeckt, das die Textilkünstlerin Martha Kreutzer-Temming aus weißem Gewebe gefertigt hat.

43 *Das Hochgrab des Erzbischofs Wilhelm von Gennep (1349–1362)*

Die Liegefigur aus weißem Marmor ruht auf einer schwarzen Marmorplatte mit umlaufender Inschrift in gotischen Buchstaben. Weil man diese später nicht mehr lesen konnte, wurde der Text im 17. Jahrhundert auf der Oberseite in lateinischer Schrift wiederholt. Die Figur ist höchstwahrscheinlich aus einer römischen Marmorsäule geschlagen worden. Die Tumba wurde erst 1904 von Wilhelm Mengelberg ergänzt. Der mit gotischer Miniaturmalerei (Christi Leiden und Auferstehung) aus dem 15. Jahrhundert versehene Balken über dem Grabmal trug im Mittelalter die Opferkerzen der 1361 gegründeten Schneiderzunft.

Die Sakramentskapelle (K) (Abb. 16)

Der kostbare kleine, nur zum Gebet zugängliche Bau wurde 1277 als Kapitelsaal errichtet, sein Altar noch im selben Jahr vom hl. Albertus Magnus geweiht. Die vier quadratischen Gewölbe ruhen auf einem relativ dünnen Birnstabpfeiler, der aus einem einzigen Stein gefertigt wurde. Alle vier Wände sind mit dem gleichen Maßwerk überzogen. Die früher nach Osten (rechts), heute nach Norden gehenden Fenster wurden 1995 in ihrer ursprünglichen vierbahnigen Gestalt wiederhergestellt. Der Raum, der zu den bedeutendsten Leistungen hochgotischer Innenarchitektur zählt, diente seit dem späten 16. Jahrhundert als Sakristei und wurde 1961 Sakramentskapelle (vgl. auch 143 und 144). Die moderne Ausstattung der Kapelle hat Ingrid Bussenius entworfen.

44 *Die Glasgemälde*

In den beiden Fenstern sind 16 Glasgemälde eingesetzt, die um 1460–1470 in Köln geschaffen wurden und sich ursprünglich im Kreuzgang von St. Cäcilien (heute Museum Schnütgen) befanden. Sie zeigen Szenen aus dem Leben Jesu. Die Entwürfe des in mehreren Ausführungen nachweisbaren, einst etwa 120 Szenen umfassenden Zyklus stammen von Meistern der Kölner Malerschule in der Nachfolge Stephan Lochners.

45 *Das Sakramentshaus*

Das bis zum Gewölbe reichende Tabernakel wurde um 1460, vielleicht von Dombaumeister Konrad Kuene (vgl. 30), in reichen, spätgotischen Architekturformen geschaffen. Über der Tür stehen zwei Kirchenväter in Nischen, in der Höhe Maria mit dem Kind.

46 *Der Altar*

Er gehörte ursprünglich zur barocken Ausstattung des Hochchors, wo er als Antoniusaltar diente. Daran erinnert noch das Tau-Zeichen im vergoldeten Strahlenkranz. Nach einem Entwurf von Etienne Fayn wurde er aus verschiedenfarbigen Marmorarten in Lüttich angefertigt und 1767 nach Köln geliefert. 1889 brach man den Altar ab, hob aber die Einzelteile auf, sodass er 1961 hier wieder aufgestellt werden konnte.

47 *Das Vesperbild (Marienklage, Pietà)*

Die ausdruckvolle Holzplastik mit farbiger Fassung entstand wohl um 1490 in Westfalen. Sie gelangte 1985 durch eine Stiftung an den Dom. Das Gehäuse aus Schmiedeeisen schuf Paul Nagel.

48 *Sanktus-Leuchter*

Der Leuchter, 1948 nach Entwurf von Dombaumeister Weyres von Heinrich Hecker gefertigt, ist ein Sühnegeschenk des Kölner Regierungspräsidenten Wilhelm Warsch, der damit an die Verfolgung von Priestern durch die preußische Regierung während des Kulturkampfs, vor allem aber an die fünfmonatige Inhaftierung des Erzbischofs Paulus Melchers im Jahre 1874 erinnern wollte.

Der Hochchor oder Binnenchor (L)

(Umschlagklappe außen)

Der Hochchor ist nicht nur der liturgisch bedeutendste, sondern auch der architektonisch glanzvollste Teil des Innenraums. Er gliedert sich in drei Bereiche: Die ersten drei Joche von Westen bilden den Kapitelchor mit dem Chorgestühl. Es folgen der Durchgangsraum zwischen den Gittertüren und das eigentliche Sanktuarium im Rundchor mit dem Hochaltar, hinter dem im Mittelalter noch der Thron des Erzbischofs stand.

Das Wandsystem des Chors ist dem des Langhauses (E) völlig gleich, wird aber hier im Halbkreis herumgeführt. Dabei werden die Pfeiler enger zusammengerückt. Statt vierbahniger Fenster haben die fünf mittleren Achsen im Chorscheitel nur zweibahnige. Die Grenze zwischen Lang- und Rundchor wird dadurch verschleiert, dass die beiden ersten abknickenden Joche nur wenig schmäler als die Normaljoche sind und die gleiche Fensterform haben; hingegen hat das Triforium hier bereits die Gestalt wie im Rundchor (ohne Mittelsäulen). Um 1304 muss der Chor baulich fertig gewesen sein. Spätestens in diesem Jahr wurde nämlich die 60 Meter hohe, den Chor nach Westen hin abschließende Trennwand zwischen den beiden östlichen Vierungspfeilern errichtet, die erst 1863 wieder beseitigt wurde. Die Weihe des Chors erfolgte am 27. September 1322 anlässlich einer Diözesansynode, die Ausstattung zog sich bis nach 1340 hin.

Im Gegensatz zu der senkrecht aufsteigenden Architektur ist das Bildprogramm als Träger der geistigen Aussage in waagerechten Ebenen angeordnet. Zuunterst symbolisiert das Chorgestühl die Welt der Menschen, die im grotesken Fabelreich der Schnitzereien befangen bleiben. Die Chorschranken erzählen die Geschichten der Heiligen, die in der Welt lebten und sie überwunden haben. Die Apostel an den Chorpfeilern stellen sich als die Stützen der Kirche vor. Über ihnen bereiten zunächst die musizierenden, dann die anbetenden Engel in den Arkadenzwickeln den Übergang in die himmlischen Bereiche vor. In den Fenstern erscheint der königliche Hofstaat, der den Thron Gottes umsteht. Den Abschluss bilden die abstrakten Schmuckformen in den Kronen der Maßwerkfenster. So vergeistigen sich die Zonen nach oben hin immer mehr, bis eine namenlose, unnennbare Schönheit von der Nähe Gottes kündet.

Im Mittelalter war die Ausstattung des Chors noch wesentlich reicher. Durchbrochene steinerne Maßwerkschranken, mit zahlreichen farbig gefassten Heiligenfiguren besetzt, umschlossen

Abb. 17 Ein Knauf zwischen zwei Sitzen des Chorgestühls, als Hockerfigur gestaltet (53)

das Chorrund, an dessen Südseite ein hoher Dreisitz für die zelebrierenden Priester stand. Der frei stehende Hochaltar war von einem Baldachin aus Bronzeguss überfangen, und an der Nordseite erhob sich ein bis in die Gewölbe reichendes detailreiches Sakramentshaus in spätgotischen Formen. All dies fiel um 1770 der Barockisierung zum Opfer. Trotzdem ist im Kölner Dom mehr an mittelalterlicher Originalsubstanz erhalten als in irgendeinem anderen europäischen Kathedralchor, und was blieb, ist ausnahmslos von höchster künstlerischer Qualität.

49 *Die schmiedeeisernen Gitter des Chors*

Sie wurden von Gottfried Jungbluth 1769 nach einem Entwurf von Etienne Fayn geschaffen und ersetzen die mittelalterlichen durchbrochenen Steinschranken. Von deren umfangreichem Figurenzyklus sind nur noch Fragmente erhalten.

50 *Der Hochaltar (geweiht am 27. September 1322)*

Die aus nur einem einzigen Stein bestehende, reich profilierte Altarplatte aus tiefschwarzem Marmor ist mit einer Fläche von 4,52 × 2,12 Metern und einer Stärke von 25 Zentimetern eine der mächtigsten der Christenheit (nur übertroffen von der im Magdeburger Dom) und auch der größte Stein des Doms. Ihr Gewicht beträgt etwa 6 Tonnen. Die Seitenwände der Mensa sind mit dem gleichen schwarzen Marmor verkleidet; vor ihm heben sich die leuchtend weißen Maßwerkarkaden aus Carraramarmor wirkungsvoll ab. Nur die Vorderseite ist noch im Originalzustand, doch ihre ehemals teilweise farbig gefassten Figuren erscheinen heute reinweiß. Die Figuren der übrigen Seiten wurden im Zuge der Barockisierung entfernt und befinden sich heute im Museum Schnütgen. Um 1900 wurden von ihnen Kopien gefertigt und in den ergänzten Arkaden des Altars aufgestellt. An der Vorderseite sieht man in der Mitte die Krönung Mariens durch Christus, zu beiden Seiten je sechs Apostel, im Süden die Verkündigung, im Osten die Anbetung der Könige und im Norden die Darstellung im Tempel, jeweils von Propheten und Heiligen umrahmt. Der Schmuck der Mensa ist zwischen 1310 und 1320 von einer auf höchstem Niveau arbeitenden Kölner Gruppe von Steinmetzen gefertigt worden. Die Figuren zeigen, wie sich der Stil der Kölner Dombauhütte gegenüber dem 13. Jahrhundert gewandelt hat, vor allem, wenn man sie mit den schlanken Chorpfeilerfiguren vergleicht.

51 *Der Dreikönigenschrein* (Abb. 18)

Die Gebeine der drei Weisen kamen 1164 als Geschenk des Kaisers Friedrich Barbarossa an den Erzbischof Rainald von Dassel, der sie von Mailand nach Köln überführte. Bald darauf begann man mit dem Bau des goldenen Schreins, der das Hauptwerk der Goldschmiedekunst im Rhein-Maas-Gebiet wurde. Nach 1181 war Nikolaus von Verdun Leiter der Werkstätte. Aus dieser Zeit stammen die Figuren der Langseiten, unten Propheten, oben Apostel. Die Vorderseite muss vor 1209 vollendet worden sein, die Rückseite um 1225. Nach vielerlei Beschädigungen und Verlusten wurde dieser größte und berühmteste Reliquiensarkophag des Abendlands in den Jahren 1961 bis 1974 wiederhergestellt.

Die Gestalt des Schreins ist nicht, wie oft gesagt wird, die einer Basilika mit Mittelschiff und Seitenschiffen, sondern, wie an der Rückseite deutlich zu sehen ist, eine Kombination von drei Schreinen, von denen der obere auf den Giebelspitzen der beiden unteren steht. Während die vielen anderen Reliquienschreine des Rhein-

Abb. 18 Der Dreikönigenschrein (51)

Abb. 19 Das Chorgestühl (53)

Maas-Gebiets stets Szenen aus dem Leben des darin bestatteten Heiligen zeigen, wird am Dreikönigenschrein das Erscheinen Gottes in der Welt dargestellt. Dreimal erscheint Christus auf der Vorderseite: bei der Anbetung der Könige, die die gesamte Menschheit repräsentieren, bei der Taufe im Jordan, wo er als der dem jüdischen Volke gesandte Messias vorgestellt wird, und zuoberst als Weltenrichter am Ende der Zeiten. An den Seitenflächen vertreten die Propheten sowie die Könige David und Salomon den Alten Bund und damit die Zeit vor der Erlösung. Am Oberschrein versinnbildlichen die Apostel die Zeit der Gnade. Die Rückseite zeigt unten das Leiden und Sterben des Herrn, oben die Krönung der hll. Felix und Nabor, deren Gebeine auch im Schrein ruhen. In dem Dreieck dazwischen sieht man die Büste des Erzbischofs Rainald, der die Reliquien nach Köln brachte (eine ausführliche Beschreibung des Schreins ist im Domladen erhältlich).

52 ***Das Sakramentshaus***

Aufgrund einer Stiftung des 1508 verstorbenen Erzbischofs Hermann von Hessen (vgl. **15**) errichtete der Bildhauer Franz Maidburg ein 18,20 Meter hohes spätgotisches Sakramentshaus (ähnlich dem in St. Lorenz in Nürnberg), das bei der Barockisierung des Chors im Jahre 1769 abgebrochen wurde. An seiner Stelle steht heute der Tabernakel von Elmar Hillebrand aus dem Jahre 1964. Der hohe Aufbau aus Kalkstein und grünem Marmor ist von wohlgeordnetem Laubwerk bedeckt.

53 ***Das Chorgestühl*** (Abb. 19)

Es ist mit 104 Sitzen das größte in Deutschland und wurde in den Jahren 1308–1311 ganz aus Eichenholz gefertigt. Die Enden und die Durchgänge der unteren Sitzreihen sind mit reich geschnitzten Wangen geziert. Zwischen den einzelnen Sitzen befinden sich Knäufe mit Laubwerk sowie Tier- und Menschenfiguren (Abb. 17). Besonders reizvoll sind die Misericordien unter den Sitzen mit ihren Tieren und Fabelwesen, aber auch mit Menschen, die tanzen, kämpfen, singen, lieben, betteln und spotten. Hinzu kommen Szenen aus dem Alten Testament und aus den Gleichnissen Jesu, aus der Antike und aus dem Bereich des Volksglaubens. Das Gestühl war der Sitz des Domkapitels, das sich sieben Mal am Tag zum Chorgebet zusammenfand. Das Kapitel hatte 24 Mitglieder, von denen 16 aus dem hohen Adel und acht aus der gelehrten Priesterschaft stammten. Für jeden gab es noch einen Stellvertreter, der auch am Chorgebet teilzunehmen hatte. Dazu kamen noch je ein Stellvertreter für den Papst und den Kaiser, die Ehrenmitglieder des Kapitels waren, und der Dompropst. Für diese insgesamt 51 Personen waren die Sitze der oberen Reihen bestimmt, wobei dem Papst beziehungsweise dessen Vertreter der östlichste Sitz auf der Nordseite, dem Kaiser der entsprechende der Südseite vorbehalten war. Die beiden unteren Sitzreihen dienten den Domvikaren und anderen Geistlichen sowie den Gästen.

54 *Die Chorschranken (um 1332–1340)* (Abb. 21)

Hinter dem Chorgestühl erheben sich die gemauerten Chorschranken, deren Innenseiten mit Bilderzyklen bedeckt sind. Die Darstellungen beginnen jeweils im Osten (I) und enden im Westen (III). Auf der Südseite sieht man: S I: Das Marienleben; S II: Die Geschichte der Heiligen Drei Könige; S III: Das Leben der hll. Felix, Nabor und Gregor von Spoleto. Auf der Nordseite: N I: Das Leben der hll. Petrus und Paulus; N II und III: Das Leben des hl. Papstes Sylvester, des Kaisers Konstantin und seiner Mutter Helena. Die Bilder stehen in gemalten Bogenfeldern, deren Breite jeweils der eines Sitzes im Gestühl entspricht. Unterhalb der Bilder auf der Südseite ist die vollständige Reihe aller römischen und deutschen Kaiser und Könige wiedergegeben, beginnend über dem Sitz des Kaisers mit Caesar. Auf der Nordseite sieht man die Kölner Bischöfe und Erzbischöfe, beginnend mit Maternus über dem Sitz des Papstes.

Die Gemälde der Chorschranken sind die ältesten Zeugnisse der später so berühmten Kölner Malerschule. Bei ihnen fügen sich die deutlich erkennbaren Einflüsse aus anderen Regionen, vor allem aus Italien, Frankreich und England, zu einem durchaus eigenständigen Stil zusammen. Die Malerei ist mit Temperafarben auf einen geschliffenen Kreidegrund aufgetragen und steht in ihrer Feinheit der Buchmalerei kaum nach. Leider sind Kreidegrund und Malerei an vielen Stellen weggeplatzt, doch das Erhaltene ist eindrucksvoll genug. Weil es nie übermalt wurde, ist alles, was man sieht, original. Die Fehlstellen wurden im Ton der Umgebung dezent geschlossen. »Die Chorschrankenmalereien sind das entwicklungsgeschichtlich wichtigste und dazu das künstlerisch höchststehende Werk der deutschen Monumentalmalerei aus der 1. Hälfte des 14. Jahrhunderts« (P. Clemen).

Abb. 20 Der Engel mit Citole vom Baldachin über dem Apostel Bartholomäus (55)

55 *Die Chorpfeilerfiguren* (Abb. 19 und 20, Abb. S. 1)

Auf reichen Blattkonsolen stehen an den Pfeilern des Chors, sechs Meter über dem Fußboden beginnend, die etwa 2,15 Meter hohen Figuren von Christus, Maria und den zwölf Aposteln. Über ihnen erheben sich Baldachine, auf denen zwölf Engel mit Musikinstrumenten postiert sind. Bei Christus und Maria gibt es dagegen nur Fialen. Die Gesamthöhe eines Systems beträgt 5,25 Meter. Das Material der Figuren ist ein feiner Tuffstein, der mit einem Kreidegrund überzogen und farbig bemalt wurde. Die 39 verschiedenen Stoffmuster, die sich alle an mittelalterlichen Originalstoffen nachweisen lassen, wurden mit Blattgold aufgelegt. 1840 hat man die Bemalung »genau dem Vorgefundenen entsprechend« erneuert. Die Chorpfeilerfiguren zeigen die Bildhauerkunst der Kölner Dombauhütte in der Zeit um 1280–1300 auf ihrem Höhepunkt. In geradezu himmlischer Entrücktheit, fern aller irdi-

Abb. 21 Die Chorschrankenmalerei (54)

schen Realität, halten die schlanken Gestalten in vornehmer Gewandung und mit lebhafter Gestik Zwiesprache untereinander.

Über der Figur des Apostels Simon (Südseite, rechts neben dem Durchgang) erhebt sich ein besonders aufwendiger durchbrochener Baldachin. Er wirkt wie das Modell eines frühgotischen Chors, eng verwandt denjenigen in der Kathedrale von Soissons und der Liebfrauenkirche in Trier. Die Instrumente der selig lächelnden Engel sind realistische Abbilder mittelalterlicher Musikinstrumente (Abb. 20).

56 ***Die Engel in den Arkadenzwickeln*** (Abb. 22) Schon im Mittelalter waren in den Zwickeln zwischen den Spitzbögen und dem Triforium Engel gemalt, die jedoch im 18. Jahrhundert übertüncht worden waren und nach ihrer Wiederentdeckung 1841 als nicht mehr restaurierbar erschienen. Mit der Neugestaltung beauftragte man Edward von Steinle, der die heute sichtbaren Engel in den Jahren 1843–1846 im nazarenischen Stil in Freskotechnik ausführte. Der Hintergrund besteht aus in den Putz gedrückten Mustern, die mit Blattgold überzogen wurden.

Abb. 22 Engel aus den Arkadenzwickeln, Fresko von Edward von Steinle (56)

57 *Die Obergadenfenster (Königsfenster)*
(Umschlagklappe außen)
Im unteren Drittel der fünfzehn je 17,80 Meter hohen Fenster stehen insgesamt 48 Königsgestalten vor abwechselnd rotem und blauem Grund auf Konsolen mit Stifterwappen. Über ihnen erheben sich hohe Architekturbaldachine. Unter den verschiedenen Deutungen (deutsche Könige, Vorfahren Jesu) ist diejenige am wahrscheinlichsten, die in ihnen die 24 Ältesten der Apokalypse (die Bärtigen) und die 24 Könige von Juda (die Bartlosen) sieht, vielleicht stellen sie aber auch einfach die Herrscher aller Zeiten dar. Das Mittelfenster zeigt die Anbetung der Heiligen Drei Könige (Abb. 23). Oberhalb der farbigen Figurenzone füllen Teppichmuster, bestehend aus Maßwerkformen vor Bandgeflechten, die riesigen Flächen aus. Nur im Mittelfenster finden sich auch hier figürliche Darstellungen, Propheten und Könige, Engel, Sonne und Mond. In der Spitze erscheint das Wappen des Erzbischofs Heinrich von Virneburg (1304–1332). Die übrigen Stifter sind, dem Rang nach von Osten nach Westen angeordnet, die Grafen von Hennegau, Holland, Jülich und Kleve, die Ritter von Schönrode und Langel, die Stadt Köln und die großen kölnischen Patriziergeschlechter.

Die Chorfenster des Kölner Doms sind mit ihren rund 850 Quadratmetern der größte erhaltene Glasmalereizyklus des 14. Jahrhunderts in Europa. Er muss vor der Aufstellung des Chorgestühls im Jahre 1311 fertig gewesen sein. Der Anteil an Originalsubstanz ist mit über 95 Prozent an altem Glas ungewöhnlich hoch. Die Verglasung des Triforiums, die jeweils das Muster oberhalb der Könige wiederholt, wurde 1988–1993 rekonstruiert.

58 *Das Fußbodenmosaik*
Zwischen den Chorgestühlen sind die Lebensalterstufen des Menschen und die Planeten mit den ihnen zugeordneten Tätigkeiten dargestellt, dazu Tag, Nacht und Jahr, die Erde und das Meer sowie das Glücksrad. Die Kartons dazu lieferte August Essenwein (vgl. 36). Nach dessen Entwürfen schuf Fritz Geiges 1892–1899 das Mosaik im oberen Binnenchor. Vor dem Altar thront der Papst als höchste geistliche Autorität, davor im Durchgang der König als Inhaber der weltlichen Macht. Der König ist umrahmt von den Sieben Freien Künsten, den Flüssen Rhein,

Seine, Donau und Tiber und den Hauptkirchen der christlichen Nationen; den Papst umgeben die Paradiesesflüsse und die Vertreter der geistlichen und weltlichen Stände. Die »Ströme des Lebens«, die sich aus den Krügen der Paradiesesflüsse ergießen und in denen sich Fische tummeln, umfließen wie Bäche alle Bildfelder.

59 ***Die Grabplatten der Erzbischöfe des 19. Jahrhunderts***

Im Mittelgang des Chors liegen, meist von einem Teppich verdeckt, sechs bronzene Grabplatten, die im Stil mittelalterlicher Epitaphien graviert wurden. Die Reihe beginnt im Osten mit den Platten Ferdinand August Graf Spiegels (1825–1835) und Johannes Kardinal von Geissels (1845–1864), beide nach Entwürfen von Michael Welter; es folgen Paulus Kardinal Melchers (1866–1885, † 1895), Philipp Kardinal Krementz (1885–1899), Hubertus Simar (1900–1902) und Antonius Kardinal Fischer (1903–1912). Diese letzten vier Platten entwarf und gravierte Heinrich Birgel 1913/14.

60 ***Vier Kandelaber aus Bronze***

Sie wurden nach einem Entwurf von Friedrich Geiger 1780 in Lüttich gegossen und sind je 2,60 Meter hoch.

Der Chorumgang (M) und die sieben Chorkapellen (M1–M7)

Dieser älteste Teil des Doms wurde am 15. August 1248 begonnen, um 1265 gegen den noch unvollendeten Binnenchor abgemauert und einschließlich der sieben Chorkapellen sofort in Benutzung genommen. Die gesamte Architektur ist unverändert erhalten. Auch die 1842 erneuerte Farbgebung entspricht dem Zustand der Erbauungszeit: Pfeiler und Wände sind ockerfarben lasiert, die naturalistisch gearbeiteten, meist botanisch genau bestimmbaren Blätter der Kapitelle stehen vergoldet vor dem roten Hintergrund.

Der Umgang führt rings um den Binnenchor (L). An seiner Außenseite liegen die sieben Chorkapellen (M1–M7). In jeder ist eine mit besonders feingliedrigem Laubwerk geschmückte Maßwerknische in die Wand eingelassen, in deren Boden sich runde Becken befinden. Es sind die sogenannten Piscinen, die zum Ausgießen des bei der Liturgie verwendeten Wassers dienten, das dann im Mauerwerk versickerte. Die um 1320 entstandenen Glasgemälde der Chorkapellen sind sehr kleinteilig und von besonders hoher Qualität, jedoch leider stark erneuert. Alle Kapellen wurden im 16. Jahrhundert mit Gittern und Steinschranken abgeschlossen. Die reich geschnitzten Beichtstühle aus Eichenholz wurden um 1890 von Otto Mengelberg geschaffen.

Die Engelbertuskapelle (M1)

Der am 7. November 1225 ermordete Erzbischof Engelbert I. von Berg, der zunächst im Alten Dom bestattet worden war, wurde um 1260 in diese Kapelle überführt und in einem Hochgrab ähnlich dem des Erzbischofs Gero (90) beigesetzt. Seine Gebeine wurden 1633 erhoben und in einen barocken Schrein gebettet (heute in der Heiltumskammer der Schatzkammer; 145). Unter der Piscina befindet sich der alte Sarkophag (vgl. 41).

61 ***Vier Bischofsfenster***

Von links nach rechts sieht man die hll. Kölner Erzbischöfe Gero (969–976), Bruno (953–965), Heribert (999–1021) und Engelbert (1215–1225). Die Glasgemälde wurden 1956 als Geschenk des Deutschen Städtetags von Wilhelm Rupprecht, München, geschaffen.

62 ***Der Georgsaltar***

Der Schnitzaltar mit gemalten Flügeln (Passion Christi, Georgslegende) entstand um 1520 in einer Antwerpener Werkstätte. Er befindet sich seit 1842 im Dom.

63 ***Das Wandepitaph des Erzbischofs Anton von Schauenburg (1556–1558)***

Das prachtvolle Grabmal dieses Kirchenfürsten, der starb, ehe er Priester- und Bischofsweihe empfangen hatte, wurde zusammen mit dem seines Bruders und Vorgängers (92) durch beider Nachfolger Gebhard von Mansfeld (1558–1562) gestiftet und war ursprünglich im Binnenchor vor den Chorschranken aufgestellt, ehe Dombaumeister Zwirner es 1841 hierhin versetzte. Diese beiden bedeutenden Werke der niederländischen Renaissance wurden von Cornelius Floris und seiner Werkstatt in schwarzem und weißem Marmor ausgeführt. Karyatiden tragen den mit fein gearbeiteten Ranken und Zentauren geschmückten Sarkophag mit der Liegefigur des Verstorbenen in vollem Ornat, jedoch ohne Mitra, die noch daneben steht. Darüber erheben

Abb. 23 Die Anbetung der Heiligen Drei Könige aus dem Achsfenster des Chorobergadens (57)

Abb. 24 Die Szene der Geburt Christi aus dem Älteren Bibelfenster (73)

sich ein Relief der Auferstehung Christi und Allegorien christlicher Tugenden.

Die Maternuskapelle (M2)

Im Mittelalter hieß sie Jakobuskapelle und wurde von Pilgern auf dem Wege nach Santiago de Compostela aufgesucht.

64 ***Die Glasgemälde***

Außen links stehen Barbara und Evergislus, außen rechts Katharina und Heribert (Peter Gras, 1850), darüber Ornamentscheiben (Willy Weyres, 1948). Das Jakobusfenster in der Mitte (nach 1322) zeigt den Heiligen, wie er einen Bekehrten tauft und wie er dann selbst verurteilt und schließlich enthauptet wird. Die Ornamentscheiben darüber stammen aus der Dominikanerkirche (um 1290).

65 ***Der Kreuzigungsaltar***

Über der einfachen steinernen Altarmensa des 13. Jahrhunderts steht ein Altarschrein mit einer holzgeschnitzten Kreuzigungsgruppe und Gemälden der hll. Johannes, Laurentius, Jakobus, Stephanus, Vitus und Valentinus auf den Flügeln. Er wurde um 1500–1510 von Künstlern aus dem Raum Ulm/Blaubeuren im Auftrag des Theologen Valentin Engelhard für den Dom geschaffen.

66 ***Das Hochgrab des Erzbischofs Philipp I. von Heinsberg (1167–1191)*** (Abb. 42)

Das 1320–1330 entstandene Grabmal des mehr als hundert Jahre früher vor Neapel verstorbenen Erzbischofs hat die Gestalt einer ummauerten Stadt mit Zinnen, Türmen und Toren. Dies soll daran erinnern, dass Philipp 1180 den Bau der neuen Stadtmauer genehmigte und unterstützte. An den Wänden der Tumba befinden sich die Wappen der Stadt Köln und der Kölner Familie von Troyen.

67 ***Die Anbetung der Könige***

Dieses kostbare, in der Art eines Triptychons gestaltete Altarbild eines Antwerpener Meisters (um 1520) stammt aus Frankreich. Bemerkenswert ist die Fülle von Einzelheiten, die das gesamte Gemälde beleben. Mit dargestellt sind der Stifter Philipp von Nevers als Franziskaner und seine (zu diesem Zeitpunkt bereits verstorbene) Gemahlin Maria von Roye mit beider Tochter. Das Bild befindet sich seit 1960 im Dom.

68 ***Die hll. Bischöfe Blasius und Agilolphus***

Das Tafelgemälde (um 1520) ist ein Rest der Außenflügel des Agilolphusaltars (107).

Die Johanneskapelle (M3)

Ursprünglich waren in allen Kapellen die Wände unterhalb der Fenster in der Weise gestaltet, wie es hier noch an einer Fläche zu sehen ist. Über dem Altar war stets eine Kreuzigung gemalt, auf den anderen Wänden Geschichten der hier verehrten Heiligen (vgl. Agneskapelle; M5).

69 ***Die Glasgemälde***

Links ist das Severin-und-Anno-Fenster eingesetzt, in der Mitte das ungewöhnliche Allerheiligenfenster und rechts das Gereon-und-Mauritius-Fenster (nach 1322). Die Grisaillescheiben oberhalb der Figurenfelder wurden 1974 anhand von Resten und alten Nachzeichnungen der um 1260 entstandenen Originale rekonstruiert.

70 ***Das Hochgrab des Erzbischofs Konrad von Hochstaden (1238–1261)*** (Abb. 41)

Auf einer schwarzen Marmorplatte mit der Inschrift »conradus de hocsteden« ruht die jugendliche Liegefigur des Erzbischofs, ein edler Bronzeguss, der bald nach der Mitte des 13. Jahrhunderts von der Kölner Dombauhütte nach französischen Vorbildern (St. Denis) geschaffen wurde. Es ist wohl das bedeutendste Bronzewerk dieser Zeit in Deutschland. Aufgrund schwerer Beschädigungen, die das Grab während der

Abb. 25 Die Dreikönigenkapelle mit dem Dreikönigenaltar (76)

Revolution davongetragen hatte, wurde es 1847 von der Gießerei Miller in München wiederhergestellt. Fußteil, Stab und rechte Hand wurden nach Modellen von Ludwig Schwanthaler, die Wimpergarkade nach einem Entwurf von Dombaumeister Zwirner ergänzt. Anstelle der verloren gegangenen Bronzearkatur, auf der die Grabplatte des Domgründers ursprünglich ruhte, wurde 1845 eine schlichte Tumba aus Tuffstein errichtet. Christian Mohr schuf 1847 die Figuren, welche die Teilnehmer der Grundsteinlegung des Doms von 1248 vorstellen.

71 *Wandgrab und Schrein der seligen Richeza*
Als Enkelin von Kaiser Otto II. und Theophanu wurde die um 1000 geborene Richeza in jungen Jahren mit Mieszko II. vermählt, der später zum König von Polen aufstieg. Nach dessen Tod kehrte sie nach Deutschland zurück und starb im Jahre 1063. Ihr Grab fand sie in der Kirche St. Maria ad gradus östlich des Doms. Von dort wurden ihre Gebeine 1817 in den schlichten Holzsarkophag überführt. Die Bildnisse auf Schieferplatten zeigen die selige Richeza und den hl. Erzbischof Anno II. (1056–1075), nicht jedoch, wie die später hinzugefügte Inschrift besagt, ihren Bruder, den Erzbischof Hermann II. (1036–1056).

72 *Der »Fassadenplan F«* (Abb. S. 63)
Ein grüner Vorhang schützt die berühmte, 4,05 Meter hohe Pergamentzeichnung der beiden Domtürme aus der Zeit um 1280 vor dem Tageslicht (Reproduktion im Domladen erhältlich). Der mächtige Eichenrahmen wurde 1854 gefertigt.

Die Dreikönigenkapelle (M4)

In dieser Kapelle in der Achse des Doms war Ende September 1261 Erzbischof Konrad von Hochstaden bestattet worden; sie dürfte also zu diesem Zeitpunkt fertig gewesen sein. Das Grab wurde jedoch 1322 in die benachbarte Johanneskapelle verlegt (70), weil man einen geeigneten Platz für den Dreikönigenschrein (51) brauchte. Ursprünglich war vorgesehen, die kostbarsten Reliquien des Doms in der Vierung aufzustellen, die jedoch im Mittelalter unvollendet blieb. In der Achskapelle errichtete man für den Schrein ein eigenes Mausoleum, das ab 1660 barock erneuert und 1889 abgetragen wurde (vgl. 27). Die Wandbemalung unter den Fenstern erneuerte und ergänzte Friedrich Stummel 1892 nach Motiven der Sainte-Chapelle in Paris. Die Kreuzigungsgruppe des 16. Jahrhunderts über dem

Abb. 27 Christus als Weltenrichter aus dem Älteren Bibelfenster (73)

Abschlussgitter der Kapelle gehörte zu der im Krieg untergegangenen Domorgel. Der Fußboden aus Mettlacher Platten stammt aus der 1975 abgebrochenen Dominikanerkirche in Düsseldorf (Abb. 25).

73 Das Ältere Bibelfenster

Dieses älteste Glasgemälde des Doms wurde um 1260/61 eingesetzt und gehört stilistisch noch der Romanik an. Ursprünglich war es das einzige farbige im Chorumgang, denn alle übrigen Fenster waren mit Grisaillescheiben geschlossen. Sie zeigten Pflanzenmuster auf einfarbigem Glas, wie sie heute noch oben in der Johanneskapelle zu sehen sind. Erst zur Zeit der Chorweihe von 1322 wurden in die jeweils vier unteren Felder farbige Scheiben eingesetzt (vgl. Johanneskapelle; **M3**), sodass ein buntes Band gleichsam alle Kapellen miteinander verknüpfte. Das Vorbild dafür war die Verglasung des Hochchors (57). Das Bibelfenster bietet, ausgehend von den älteren Wurzel-Jesse-Fenstern, ein typologisches Programm erstmals in dieser leicht verständlichen Form dar: Den zehn Begebenheiten aus dem Leben Jesu sind die entsprechenden Vorbilder aus dem Alten Testament gegenübergestellt. Die alttestamentlichen Szenen in kreuzförmigen Rahmen (links) sind in ein strenges blaurotes Rautenmuster gebettet. Die Medaillons des Neuen Testaments (rechts) werden von einem grünen Band durchzogen. Es ist das Kreuz Jesu (Szene 8), das als »Baum des Lebens« alle Bildfelder zusammenfasst und aus dessen Ranken Propheten und Könige herausschauen. Man »liest« das Fenster von unten nach oben: 1. Erschaffung Evas – Geburt Mariens; 2. Brautwerbung um Rebekka – Verkündigung an Maria; 3. Moses und der brennende Dornbusch – Geburt Christi (Abb. 24); 4. Die Königin von Saba vor Salomo – Anbetung der Heiligen Drei Könige; 5. Dar-

Abb. 26 Die Himmelfahrt Mariens von Friedrich Overbeck (114)

stellung Samuels – Darstellung Jesu im Tempel; 6. Noah mit der Taube –Taufe Jesu im Jordan; 7. Isaaks Entwöhnung – Das Letzte Abendmahl; 8. Opferung Isaaks – Kreuzigung Jesu; 9. Jonas, vom Wal ans Land gespien – Auferstehung Christi; 10. Himmelfahrt des Elija – Himmelfahrt Christi; 11. Thronende Maria – Christus als Weltenrichter (Abb. 27). Trotz vieler Ergänzungen ist das Fenster, das 1901 vorbildlich restauriert wurde, relativ gut erhalten.

74 *Das Dreikönigenfenster (nach 1322)*

Eine reiche Rahmenarchitektur, in der Propheten, Heilige und Könige stehen, umgibt die Hauptszene mit der Anbetung der Heiligen Drei Könige.

75 *Das Petrus-und-Maternus-Fenster (nach 1322)*

Es zeigt Petrus, den ersten Papst, und Maternus, der Legende nach sein Schüler, den man als ersten Bischof von Köln ansah. Die Ornamentscheiben über diesem und über dem Dreikönigenfenster (Maßwerk und Laubwerk) entstanden um die gleiche Zeit.

76 *Der Dreikönigenaltar*

Im Auftrag von Alexander Schnütgen, der die Figuren stiftete, schuf Wilhelm Mengelberg 1908 dieses typisch neugotische Altarwerk mit den vier kölnischen Reliquienbüsten in der Sockelzone. Im oberen Tabernakel thront die schöne, kunsthistorisch bedeutende Füssenicher Madonna vom Ende des 13. Jahrhunderts über den Heiligen Drei Königen (19. Jahrhundert).

77 *Das Wandepitaph des Erzbischofs Ernst von Bayern (1583–1612)*

Die kostbar modellierte, wohl in München gegossene Bronzetafel mit den Wappen der Bistümer und Stifte, denen der Erzbischof vorstand, wird von einem breiten Fries aus farbigem Marmor gerahmt.

78 *Gedenktafel aus verschiedenen Marmorarten für Erzbischof Ernst von Bayern und seine vier Nachfolger*

Diese fünf Erzbischöfe aus dem Hause Wittelsbach hatten den Kölner Bischofsstuhl von 1583 bis 1761 inne.

79 *Erzbischof Konrad von Hochstaden*

Im Mittelfeld des Chorumgangsmosaiks von August Essenwein ist Erzbischof Konrad, auf einem Faltstuhl sitzend, dargestellt (vgl. 70). Der Grundriss des Doms in seiner Hand soll daran erinnern, dass er am 15. August 1248 den Grundstein der Kathedrale gelegt hat. Rechts steht ein Ritter mit Helm, Schild und Schwert, den Zeichen seiner weltlichen Macht, links ein Priester mit Mitra und Stab, den Symbolen seiner geistlichen Würde. Der Kurhut aus Hermelin weist den Erzbischof als einen der Wähler des deutschen Königs aus.

80 *Das Grabmal des Erzbischofs Dietrich von Moers (1414–1463)*

Die Figuren sind in Art einer Krippe um die über der Inschriftenplatte thronende Madonna gruppiert. Von rechts nahen die Heiligen Drei Könige, links kniet Dietrich, vom hl. Petrus vorgestellt. Möglicherweise schuf Dombaumeister Konrad Kuene (vgl. 30 und 45) dieses ungewöhnliche Grabmal.

Die Agneskapelle (M5)

81 *Die Glasgemälde*

Die beiden mittelalterlichen Fensterbahnen mit Darstellungen der hl. Agnes und des hl. Kunibert wurden 1999/2000 um Scheiben mit reinen Architekturbildern nach einem Entwurf von Arnold Wolff ergänzt. Die Ornamentscheiben darüber entwarf Willy Weyres 1948.

82 *Die Wandgemälde*

Die stark beschädigten, mehrfach restaurierten Wandmalereien aus der Zeit um 1320 zeigen links die hll. Petrus und Irmgardis, in der Mitte über dem Altar die Kreuzigung Christi und rechts die Kreuzigung der hll. Cosmas und Damian.

83 *Der Sarkophag der hl. Irmgardis von Süchteln († um 1085)*

Die hochgotische Tumba aus Trachyt, ein um 1280 entstandenes Werk der Kölner Dombauhütte, ist von grazilen Wimpergarkaden umgeben, in denen ehemals gemalte Figuren standen.

Die Michaelskapelle (M6)

84 *Die Glasgemälde*

Das Marienkrönungs-Fenster in der Mitte (nach 1322) befindet sich an seinem ursprünglichen Platz. Die Ornamentscheiben darüber (um 1290) stammen aus der 1804 abgebrochenen Dominikanerkirche Zum Heiligen Kreuz. Links stehen der hl. Papst Sylvester und der hl. Gregor von Spoleto, rechts die hll. Felix und Nabor, ebenfalls nach 1322 entstanden. Sie befanden sich ursprünglich in der Marienkapelle (N).

Abb. 28 Sechs Szenen aus dem Jüngeren Bibelfenster (88)

GEDEON

Abb. 29 Die Anbetung der Heiligen Drei Könige aus Stephan Lochners Altar der Stadtpatrone (95)

85 *Das Hochgrab des Erzbischofs Walram von Jülich (1332–1349)*

Es wurde vor 1362 zusammen mit dem seines Nachfolgers Wilhelm von Gennep vom selben Künstler geschaffen (vgl. 43), jedoch sind hier der Baldachin sowie die Arkaden, die wie die Liegefigur Walrams aus weißem Carraramarmor bestehen, erhalten, wenn auch teilweise ergänzt. Es fehlen die Trauernden (Pleurants) in den Arkaden (vgl. 38).

86 *Die Liegefigur des Generalmajors von Hochkirchen*

Die Figur des 1703 in der Schlacht am Speyerbach Gefallenen stammt von seinem Grabmal in der 1804 abgebrochenen Kirche des Kölner Olivenklosters. Gefertigt wurde die virtuose Barockplastik aus weißem Marmor 1701 in Florenz von Gioacchino Fortini.

87 *Der Kreuzigungsaltar*

Dieser kleine Flügelaltar mit der bewegten Kreuzigungsszene im Mittelbild wurde 1548 von dem Kölner Bartholomäus Bruyn dem Älteren auf Eichenholz gemalt. Die seitlichen Flügel zeigen den Stifter Johannes Baunacher von Haßfurt, empfohlen vom Apostel Andreas, und einen unbekannten Geistlichen, empfohlen vom Apostel Petrus. Bei geschlossenem Altar ist die Verkündigungsszene zu sehen, flankiert von den hll. Nikolaus und Rochus.

Die Stephanuskapelle (M 7)

88 *Das Jüngere Bibelfenster* (Abb. 28)

Um 1280 stifteten der hl. Albertus Magnus und Erzbischof Siegfried von Westerburg (1275–1297) das Mittelfenster der Dominikanerkirche, die 1804 abgebrochen wurde (an diese erinnert heute nur noch der Straßenname »An den Dominikanern«). Dieses erste »gotische« Fenster in Köln folgte in Thematik und Gestaltung ganz dem Älteren Bibelfenster (73) und enthielt ursprünglich 14 Bildpaare. Nach seiner Überführung in den Dom gelangten die Scheiben zunächst in die Sakristei. Alexander Schnütgen ließ das Glasgemälde 1892 wiederherstellen und in richtiger Reihenfolge in der Stephanuskapelle einsetzen. Dabei mussten fünf Scheiben völlig neu geschaffen werden. Die Szenenfolge der rechten, dem Leben Jesu gewidmeten Bahn entspricht weitgehend der des Älteren Bibelfensters, doch sind in einigen Fällen andere alttestamentliche Bezugsszenen gewählt worden. Darüber hinaus sind aufgenommen: 6. Achior, an den Baum gebunden – Geißelung Jesu; 10. Moses empfängt die Gesetzestafeln – Aussendung des Heiligen Geistes. In den Ranken erscheinen nur noch alttestamentliche Könige. Während die Medaillons selbst sehr gut erhalten sind, ist das Rahmenwerk stark erneuert. Wegen der außerordentlichen Feinheit und der hohen Qualität der Malerei lohnt sich eine eingehende Betrachtung gerade dieses Fensters mit einem Fernglas (eine Beschreibung mit Farbabbildungen ist im Domladen erhältlich).

89 *Das Ursula-und-Clemens-Fenster (Peter Grass, 1852)*

Über den Heiligengestalten sind Rekonstruktionen von Ornamentscheiben aus der Zeit um 1260 eingesetzt.

90 *Das Hochgrab des Erzbischofs Gero (969–976)*

Auf der Deckplatte ist der Belag des Gero-Grabes aus dem Alten Dom erhalten, ein Mosaikmuster aus rotem und grünem Porphyr sowie weißem Marmor. Die rote Sandsteinplatte, in der dieses eingesetzt ist, erhielt nach der Überführung in den gotischen Dom um 1260 ein neues Profil. Damals entstand auch der schlichte Steinsarkophag, auf dem die Platte ruht.

91 *Die Wandgemälde über dem Altar (um 1320)*

Links sieht man die Steinigung des hl. Stephanus, der als erster Märtyrer dem Kreuze Christi am nächsten steht. Rechts legt Erzbischof Gero auf Empfehlung der hl. Irmgardis eine Hostie in das Gero-Kreuz, um einen Riss im Kopfe des Gekreuzigten zu schließen. Zwischen den beiden Darstellungen deutet ein breiter roter Streifen darauf hin, dass hier einmal das Gero-Kreuz stand, ehe es an seinen heutigen Platz kam (42). Auf dem runden Pfeilerdienst rechts befindet sich die womöglich einzige mittelalterliche Darstellung des hl. Mungo, des Stadtheiligen von Edinburgh.

92 *Das Wandepitaph des Erzbischofs Adolph III. von Schauenburg (1547–1556) aus der Werkstätte des Cornelis Floris*

Es ist das Gegenstück zum Grabmal seines jüngeren Bruders (63) und war wie dieses ursprünglich im Binnenchor aufgestellt.

Die Marienkapelle (N)

Die beiden südlichen Chorseitenschiffe werden als Marienkapelle bezeichnet. Im Mittelalter führte sie mit eigener Gottesdienstordnung, eigenen Messtexten, eigener Orgel und Sakristei die Tradition des Marienchors des Alten Doms weiter. Seit etwa 1265 in Gebrauch, wurde ihr Altar mehrfach erneuert, zuerst noch vor 1300, dann 1663, 1856 und 1949. Im Sommer finden hier die Werktagsgottesdienste statt.

93 *Die Glasgemälde*

Das Mittelfenster der Kapelle (Wilhelm Geyer, 1956) ist den vier letzten Pius-Päpsten gewidmet. Über jedem weist ein Symbol auf ein besonderes Anliegen seines Pontifikats hin: Pius IX.: Die unbefleckte Empfängnis Mariens; Pius X.: Der Empfang der hl. Eucharistie im Kindesalter; Pius XI.: Das Christkönigsfest; Pius XII.: Die leibliche Aufnahme Mariens in den Himmel. Die Ornamentscheiben entwarf Willy Weyres (1948).

94 *Das Hochgrab des Erzbischofs Friedrich von Saarwerden (1370–1414)*

Die mächtige Liegefigur in Bronzeguss (2,20 Meter lang), deren Haupt porträtartige Gesichtszüge zu tragen scheint, liegt auf einer ungewöhnlich hohen Tumba. In den reichen spätgotischen Arkaden, die sie umgeben, sitzen 23 Figuren, die sich zu Szenen zusammenfügen. An der westlichen Schmalseite erscheint die Verkündigung an Maria, an der Nordseite thronen Christus, dem sich der Erzbischof betend zuwendet, und fünf Apostel. In allen Endarkaden sitzen Wappenengel. In Gestalt der Sockelfiguren hat sich das bedeutendste Werk des »weichen Stils« kölnischer Prägung erhalten. Die Umschrift und das Schutzgitter aus Gusseisen wurden 1848 hinzugefügt.

95 *Der Altar der Stadtpatrone (Dombild) von Stephan Lochner* (Abb. 29)

Um das Jahr 1445 ließ der Rat der Stadt Köln diesen großen Flügelaltar für die 1426 geweihte Ratskapelle malen. Er zeigt auf dem Mittelbild den Jesusknaben auf dem Schoß seiner Mutter Maria und die Anbetung der Heiligen Drei Könige, auf den Seitentafeln aber die alten Kölner Stadtpatrone St. Ursula und St. Gereon. Der jahrhundertealte Brauch, vor den Ratssitzungen an diesem Altar eine Messe zum Heiligen Geist zu feiern, erlosch nach 1794. 1809 brachte man das Bild in den Dom, wo es bald große Berühmtheit erlangte. Erst seit 1823 wird es aufgrund einer Tagebuchnotiz Albrecht Dürers dem Maler Stephan Lochner zu-

geordnet, der in mehreren Urkunden aus der Zeit zwischen 1442 und 1451 als vermögender Kölner Bürger und sogar als Ratsmitglied genannt wird.

Auf der Mitteltafel, 2,87 Meter breit und 2,61 Meter hoch, thront Maria vor einem mit Vögeln bestickten Vorhang, der von zwei lieblichen kleinen Engeln gehalten wird. Links kniet der alte König, der sein Geschenk, ein Kästchen in Gestalt eines kleinen Reliquienschreins, zu den Füßen Mariens in den Rasen gesetzt hat. Sein Gewand aus rotgoldenem Brokat ist eine malerische Meisterleistung ersten Rangs. Rechts bringt der zweite König, ein Mann mittleren Alters, einen kostbaren, zweistöckigen Silberpokal dar. Hinter ihm erscheint der jugendliche dritte König mit einem Kelch aus rotem Jaspis. Das Gefolge der drei Weisen, prächtig gekleidete Gestalten mit den merkwürdigsten Kopfbedeckungen, schließt sich zu beiden Seiten an. Darüber flattern die Fahnen mit den Emblemen, die die Legende den Königen um diese Zeit zuschrieb: dem Halbmond mit dem Stern, dem Mohren mit der Lanze und dem Sternenfeld. Im goldenen Hintergrund schweben fünf kleine Engel in blauen Gewändern. Den oberen Abschluss bildet ein aus Holz geschnitztes vergoldetes Maßwerk.

Die Seitenflügel, jeder 1,17 Meter breit, zeigen zwei Gruppen kölnischer Heiliger, die seit alters als Stadtpatrone verehrt wurden. Links tritt die hl. Ursula mit ihren Gefährtinnen heran, von denen die Legende berichtet, dass sie hier in Köln wegen ihres christlichen Glaubens von den Hunnen ermordet worden seien. In der Menge der vielen lieblichen Frauen des Gefolges erkennt man auch einen Papst und einen Bischof sowie den Bräutigam der Heiligen. Ein Prozessionskreuz und eine rot-weiße Fahne ragen in den goldenen Hintergrund. Ganz anders erscheint die Schar auf dem rechten Flügel. Hier sieht man St. Gereon mit seinen Gefährten aus der thebäischen Legion, die in Köln zur Zeit des Kaisers Diokletian den Märtyrertod erlitten haben sollen. Die Helden haben kostbare, teilweise mit Pelz besetzte Gewänder über ihre Ritterrüstungen mit den spiegelnd blanken Beinschienen gezogen. Gereon hält an roter Lanze die Fahne mit dem Steckkreuz, das auch sein Gewand ziert. Besondere Beachtung verdient der Rasen, der die drei Bildtafeln verbindet. In ihm sind nicht nur zahlreiche Kräuter mit ihren Blüten und Früchten naturgetreu wiedergegeben, sondern auch ein großer, prächtiger Hirschkäfer. In den beiden letzten Wochen der Advents- und der Fastenzeit wird der Altar geschlossen. Dann sieht man auf den Außenflügeln die Verkündigung an Maria durch den Erzengel Gabriel.

Abb. 30 Die Schöne Madonna (105)

96 Die Mailänder Madonna

Erzbischof Rainald von Dassel brachte 1164 von Mailand auch eine Madonnenfigur mit, die jedoch schon im 13. Jahrhundert verloren ging. Aus nicht überlieferten Gründen hat sich der Name auf diese Nussbaumstatue übertragen, die um 1280–1290 als eines der Hauptwerke der Kölner Dombauhütte im Zusammenhang mit den Chorpfeilerfiguren (55) geschaffen wurde. Die Statue stand ursprünglich über dem Altar der Kapelle unter einem hohen Steinbaldachin und blieb auch dort, als dieser 1663 durch einen Barockaltar ersetzt wurde. Noch 1855 wurden anlässlich einer Restaurierung die Kronen und das Szepter hinzugefügt. Doch ein Jahr später musste die Figur dem Mariä-Himmelfahrts-Altar von Friedrich Overbeck weichen (114). Dombaumeister Zwirner ließ daraufhin den Baldachin und die Konsole anbringen, auf dem die Mailänder Madonna heute steht.

97 Die Heilige Sippe

Diese Gruppe von Steinfiguren, die dem Bildhauer Johann Spee zugeschrieben wird, geht auf eine Stiftung des 1473 konvertierten Victor von Carben zurück. Dies wird durch die Inschrift am Fuße aller Statuen bezeugt: »victor sacerdos olim iudeus« (Der Priester Victor, einstmals Jude). Vier Figuren haben noch ihre alte Fassung: Anna selbdritt (mit Stifter), Joachim, Josef, Barbara und Katharina. Vom selben Stifter stammt die Verkündigungsgruppe im südlichen Querhaus (106).

98 Die moderne Ausstattung der Kapelle

Den Altar und die Tabernakelstele aus römischem Travertin entwarf Willy Weyres (1956 und 1972), den Tabernakel aus Silber schuf Carl van Ackeren (1956), das Lesepult kommt aus England (1887), die Altarschranken und die Bänke aus Gusseisen und Eichenholz entwarf Arnold Wolff (1965).

99 Die Marienorgel

In das um 1700 entstandene barocke Gehäuse baute die Firma Romanus Seifert, Kevelaer, 1963

Abb. 31 Der hl. Christophorus (104)

ein Orgelwerk mit mechanischer Traktur von Daniel Roetzel aus dem Jahre 1874 ein, das sich früher in der Kirche von Balve befand (Abb. 4).

100 *Der Mosaikfußboden*

Das letzte Feld des Chorumgangsmosaiks zeigt Namen und Wappen der Erzbischöfe und der Dombaumeister des 19. Jahrhunderts. Im Inneren des großen Kreises hält das Deutsche Reich in Gestalt eines Ritters seinen Schild schützend über den Dom (vgl. 36 und 79; Abb. 4).

101 *Das Hochgrab des Grafen Gottfried IV. von Arnsberg († 1371)*

Die Grabfigur des Verstorbenen liegt in voller Rüstung auf dem Sarkophag. Das Gesicht trägt die realistischen Züge eines Toten. Über der aus hartem Syenitgestein gemeißelten Figur wölbt sich ein eisernes Gitter, das angeblich zum Schutz der Plastik vor dem Zorn der enttäuschten Verwandten angebracht werden musste, weil Gottfried seine Grafschaft Arnsberg nicht ihnen, sondern dem Erzstift Köln vermacht hatte. An der Tumba stehen jugendliche Gestalten, dazwischen das Wappen von Arnsberg und dessen Helmzier. Einige Spuren der ehemals lebhaften Farbigkeit sind noch erkennbar. Am Michaelistag (29. September) bringen die Arnsberger noch heute jedes Jahr einen Kranz zum Grabe des Grafen, um ihm für seine Wohltaten zu danken.

102 *Das Hochgrab des Erzbischofs Rainald von Dassel (1159–1167), Kanzler des Kaisers Friedrich Barbarossa*

Der Erzbischof, der 1164 die Gebeine der Heiligen Drei Könige nach Köln brachte (51), wurde zunächst im Alten Dom beigesetzt. Um 1280 errichtete man ihm ein Grabmal in der Mitte der Marienkapelle. Von diesem ist die Tumba mit den Maßwerkarkaden erhalten. Die Liegefigur aus Kalkstein wurde 1905 von Alexander Iven anstelle der Ende des 18. Jahrhunderts zerstörten mittelalterlichen Bronzefigur geschaffen. Bereits vor 1800 hatte man das Hochgrab in die Südwestecke der Kapelle versetzt. An der Wand dahinter gibt eine Reihe meist barocker Epitaphien eine Vorstellung davon, wie das gesamte Innere des Doms vor der Restaurierung von 1842 mit Denkmälern, Altären und Statuen ausgestattet war.

Das südliche Querhaus (O)

Das östliche Seitenschiff und die beiden an den Chor anschließenden Fenster der Obergaden-Ostwand gehören noch dem 13. Jahrhundert an, das westliche Seitenschiff bis über Kapitellhöhe dem 14. Jahrhundert. Die oberen Teile und die ganze Südwand entstanden 1842–1855.

103 *Der hl. Josef, den Dom beschützend*

Die vergoldete Holzfigur wurde 1935 von Otto Bussmann gefertigt.

104 *Der hl. Christophorus* (Abb. 31)

Die Riesenstatue, 3,73 Meter hoch, ist wahrscheinlich um 1470 von Meister Tilmann geschaffen worden. Auf dem feinen Tuffstein haben sich Reste der alten Fassung erhalten. Im Mittelalter glaubte man, dass ein täglicher Blick auf den hl. Christophorus vor einem jähen und unversehenen Tode bewahre. Da sich bis 1848 hier der meistbenutzte Eingang befand, war Christophorus der erste Heilige, dem man im Dom begegnete.

105 *Maria mit Kind* (Abb. 30)

Diese künstlerisch besonders qualitätsvolle Kalksteinfigur, die sich über einer Engelskonsole erhebt, entstand um 1420 und wird der Gruppe der »Schönen Madonnen« zugerechnet.

106 *Die Verkündigung an Maria*

An zwei Pfeilern einander gegenüber stehen Maria und der Erzengel Gabriel. Die beiden Steinfiguren gehören zu der Stiftung des Victor von Carben (vgl. 97).

Abb. 32 Der Agilolphusaltar und der Agilolphusschrein (107)

107 ***Der Agilolphusaltar und der Agilolphusschrein*** (Abb. 32)

Dieser bemerkenswert große Schnitzaltar (5,50 Meter hoch, geöffnet 6,80 Meter breit) stand früher in der östlich des Doms gelegenen und 1819 abgebrochenen Kirche St. Maria ad gradus. Er war um 1520 in Antwerpen für diese Kirche geschaffen worden, der Schrein und die geschnitzten Szenen in einer Werkstätte, die denen des Jan de Molder und des Meisters Gielisz nahestand, die gemalten Flügel im Umkreis des Adriaen van Overbeke. Ursprünglich hatte der Altar zwei Flügelpaare. Von dem äußeren haben sich nur wenige Felder erhalten, zum Beispiel die Tafel mit den hll. Bischöfen Blasius und Agilolphus (68). Im Mittelschrein sind das Leben und die Passion Jesu in vollplastischen, farbig gefassten Szenen dargestellt, auf den Flügeln Begebenheiten aus dem Leben der hll. Erzbischöfe Anno und Agilolphus, deren Holzfiguren zuseiten der Madonna das Werk bekrönen.

Der hl. Agilolphus war ein Kölner Bischof des 8. Jahrhunderts, der der Legende nach in diplomatischer Mission während der kriegerischen Auseinandersetzungen zwischen Merowingern und Karolingern den Tod fand. Die Predellentafel zeigt die Wunder, die sich am Grab des Heiligen ereignet haben. Im Altar werden auch die Reliquien der in Köln früher verehrten hll. vier Mauren bewahrt, die als Gefährten des hl. Gereon angesehen wurden.

Neben dem Altar steht der Agilolphusschrein, den der Kölner Goldschmied Josef Kleefisch 1914 geschaffen hat. In ihn wurden die bis dahin in einem älteren Holzschrein befindlichen Gebeine des Heiligen gelegt. Die Stirnseite des Schreins stellt den hl. Agilolphus umgeben von zwei Engeln dar. Die gegenüberliegende Schmalseite zeigt die Gottesmutter zwischen zwei Engeln mit Weihrauchfässern. An den Langseiten sind jeweils vier aus Kupfer getriebene Figuren von Heiligen zu sehen, die in einer Verbindung zum hl. Agilolphus stehen; auf der rechten Seite sind dies die hll. Lambertus, Anno, Hubert und Plectrudis, auf der linken die hll. Sigibert, Remaclus, Cunibertus und Bonifatius.

108 *Die hl. Anna*
Das gegen Ende des 15. Jahrhunderts entstandene Gemälde stammt aus dem Atelier eines südniederländischen Meisters. Zu dieser Zeit war die Lehre von der unbefleckten Empfängnis Mariens noch umstritten. Das Bild bezieht eindeutig zugunsten des späteren Dogmas Stellung, gemäß dem die Gottesmutter zwar auf natürliche Weise gezeugt wurde, dabei aber vor dem Makel bewahrt blieb. Die Bildmitte nimmt die hl. Anna ein. In ihrem Leib sieht man die noch ungeborene Gottesmutter Maria. Seitlich knien die Vorfahren Mariens, die alttestamentarischen Könige David und Salomon sowie die Kirchenlehrer Anselm von Canterbury und Hieronymus. Das Bild wurde dem Dom im Jahr 2004 von Erzbischof Joachim Kardinal Meisner geschenkt.

109 *Das Paulusfenster*
Das Glasgemälde wurde 1868 von der Köln-Mindener Eisenbahngesellschaft gestiftet, in der Königlichen Anstalt für Glasmalerei in München hergestellt und 1875 eingesetzt. Im Zweiten Weltkrieg wurde es restlos zerstört, anhand erhaltener Unterlagen jedoch 1994 von der Werkstätte Gustav van Treeck in München rekonstruiert. Unter der Hauptszene, dem »Damaskus-Erlebnis« des hl. Paulus (Apg 9,1–7), stehen vier Kirchenväter der Ostkirche.

110 *Das Mirjam- und das Jesus-Sirach-Fenster*
In den Obergaden der Ostseite des südlichen Querhauses wurde das Mirjamfenster aus dem Welter-Zyklus des 19. Jahrhunderts eingesetzt (vgl. 26); das Jesus-Sirach-Fenster, das demselben Zyklus entstammt, wird in Kürze folgen.

111 *Die Obergadenfenster in der Westwand des südlichen Querhauses*
Die zwölf Heiligenfiguren entwarf Michael Welter um 1870, die Ornamentfenster des Triforiums Willy Weyres um 1956 (vgl. 26).

112 *Die Südwand des Querhauses*
Das Wandfeld zwischen der von einem Windfang verdeckten Mitteltür und dem großen Hauptfenster ist durch sechs Doppelarkaden mit prachtvoller Maßwerk- und Tabernakelarchitektur belebt. Das typisch neugotische Schmuckfeld wurde von Dombaumeister Zwirner entworfen und 1848 vollendet. Die zwölf Figuren, unten Heilige, oben Engel, schuf Peter Fuchs um 1870 (vgl. 22).

113 *Das Südquerhausfenster von Gerhard Richter* (Abb. 33)
Das Südquerhausfenster besaß ursprünglich eine Verglasung, die Wilhelm I. von Preußen um die Mitte des 19. Jahrhunderts dem Dom geschenkt hatte. Sie zeigte die drei weltlichen Herrscher Karl den Großen, Heinrich II., Sigismund von Burgund und die zwei hll. Erzbischöfe Anno und Engelbert sowie Bischof Otto von Bamberg. Dieses Fenster wurde im Zweiten Weltkrieg zerstört. 1948 wurde eine farblose Verglasung nach einem Entwurf von Wilhelm Teuwen eingesetzt. Jedoch wurde das Fenster künstlerisch und weil es zu viel Licht in den Dom einließ, zunehmend als unzureichend empfunden. Vor allem zwischen den in einigen Jahren vollständig zurückgekehrten farbigen Fenstern des Welter-Zyklus (vgl. 26, 110 und 111) wäre es stark abgefallen. Deshalb bat das Domkapitel den Künstler Gerhard Richter um den Entwurf für eine Farbverglasung. Nach fünfjähriger intensiver Zusammenarbeit mit der Dombauhütte konnte das Fenster im August 2007 eingeweiht werden. Es zeigt 11 263 farbige Quadrate von 9,7 Zentimetern Seitenlänge in 72 Farben aus mundgeblasenem Glas. Die Verteilung im Fenster erfolgte einerseits nach dem Zufallsprinzip, andererseits mithilfe von Spiegelachsen, die in den verschiedenen Abschnitten jeweils anders gesetzt sind.

114 *Die Himmelfahrt Mariens*
Im Auftrag des Düsseldorfer Kunstvereins malte der Nazarener Friedrich Overbeck in Rom in den Jahren 1847 bis 1854 dieses große Leinwandbild, das als eines seiner Hauptwerke gilt und ursprünglich für den Hochaltar des Doms gedacht war. 1856 erhielt es seinen Platz in dem von Zwirner entworfenen neugotischen Altar der Marienkapelle. Dieser wurde 1949 abgebrochen, um dem Altar der Stadtpatrone von Stephan Lochner (95) Platz zu machen.

115 *Die Verkündigung an Maria*
Es handelt sich um eine Leinwandkopie des im 14. Jahrhundert entstandenen Gnadenbildes aus der Santissima Annunziata in Florenz. Der Domherr Peter Bequerer ließ sie 1712 für den Dom anfertigen.

116 *Das Petrusfenster*
Gestiftet durch die Rheinische Eisenbahngesellschaft, wurde es in der Königlichen Anstalt für

Abb. 33 Das Südquerhausfenster nach dem Entwurf von Gerhard Richter (113)

Abb. 34 Die Anbetung der Hirten und Könige, aus dem Zyklus der »Bayernfenster« (122)

Glasmalerei in München geschaffen und 1873 eingesetzt. Das Fenster entstand unter dem Eindruck des Ersten Vatikanischen Konzils von 1869/70, auf dem die Unfehlbarkeit des Papsts in Glaubensfragen beschlossen wurde. Darauf weist die oberste Darstellung hin: Papst Pius IX. mit der Einberufungsbulle des Konzils vom 29. Juni 1868 in der Hand kniet vor Christus, der dem hl. Petrus die Schlüssel und damit das Hirtenamt für die gesamte Kirche übergibt (Mt 16,19). Dies wird auf dem im Hauptbild dargestellten Apostelkonzil von Jerusalem (49/50 n. Chr.), bei dem Petrus deutlich herausgehoben ist, von den übrigen Jüngern anerkannt (Apg 15,7–14). Unten stehen vier große Ordensleute: Leo IV. (Benediktiner), Bernhard von Clairvaux (Zisterzienser), Thomas von Aquin (Dominikaner) und Bonaventura (Franziskaner).

117 ***Das Görresfenster***

Statt eines Denkmals aus Bronze oder Marmor stifteten die Freunde des großen katholischen Publizisten Joseph Görres (1776–1848), der bereits 1814 als Erster zum Ausbau des Doms aufrief, ein Glasgemälde. Nach Entwürfen von Maximilian Ainmiller und Andreas Fortner wurde es in der Königlichen Anstalt für Glasmalerei in München gefertigt und 1854 eingesetzt. In der Hauptszene kniet Görres, vorgestellt von seinem Namenspatron, dem hl. Josef, vor Maria mit dem Kind. Darunter stehen Bonifatius und Karl der Große als Hinweis auf das Wirken des streitbaren Gelehrten auf kirchlichem und staatlichem Gebiet.

118 ***Der hl. Hubertus***

Die prachtvolle, holzgeschnitzte Barockfigur wurde um 1650 von Jeremias Geisselbrunn geschaffen und stand früher auf dem Hochaltar der Kirche St. Maria im Pesch, die sich am Nordende des Querhauses befand und 1843 abgebrochen wurde.

Die südlichen Langhaus-Seitenschiffe (P)

Pfeiler und Wände dieses Bereichs wurden nach Abbruch der Westteile des Alten Doms ab 1325 errichtet, allerdings nur bis etwa einen Meter oberhalb der Kapitelle. Die Gewölbe wurden erst 1848 nach Beseitigung der provisorischen Dächer ausgeführt. 1999 wurde im Osten des äußeren Seitenschiffs das Podest für den Domchor aufgestellt. Hauptschmuck der südlichen Seitenschiffe sind die sogenannten »Bayernfenster«. Am 4. September 1842 versprach König Ludwig I. von Bayern anlässlich der Grundsteinlegung zum Weiterbau, die fünf großen Fenster des südlichen Seitenschiffs als Gegenstücke zu den Renaissancefenstern der Nordseite (12–16) zu stiften. Sie wurden in den Jahren darauf in der Königlichen Anstalt für Glasmalerei in München unter der Gesamtleitung von Maximilian Ainmiller durch Joseph Fischer (große Mittelbilder), Heinrich Maria von Hess und Franz Hellweger hergestellt und gehören zu den frühesten und zweifellos auch zu den qualitätsvollsten Werken der monumentalen Glasmalerei des 19. Jahrhunderts. Zum Domjubiläumsjahr 1848 wurden sie eingesetzt und riefen überschwängliche Bewunderung hervor. Der Zyklus, dessen formale und inhaltliche Gliederung auf Sulpiz Boisserée zurückgeht, stellt die Geschichte der Erlösung dar. Sie beginnt mit dem ersten Halbfenster von Westen:

119 ***Die Steinigung des hl. Stephanus (Apg 7,54–60)***
Über dem bayerischen Königswappen und der Stifterinschrift erscheinen vier heilige Bischöfe, in den Szenen über dem Hauptbild sind das Wirken und die Verurteilung des hl. Stephanus dargestellt sowie weitere Heilige.

120 ***Die Herabkunft des Heiligen Geistes***
Unten stehen vier Kirchenväter, darüber befindet sich das Hauptbild der Herabkunft des Geistes (Pfingsten; Apg 2,14). Oben empfängt der hl. Petrus von Christus die Schlüssel des Himmelreichs (Mt 16,19).

121 ***Die Kreuzabnahme und die Beweinung Christi***
Unter dem Hauptbild stehen die vier Evangelisten, darüber ist das Letzte Abendmahl dargestellt, zu dessen Seiten in Grisaille Christus und Maria Magdalena (Joh 20,14–17) sowie Christus und der ungläubige Thomas (Joh 20,27).

122 ***Die Anbetung der Hirten und Könige*** (Abb. 34)
Hier werden zwei biblische Berichte zu einer Szene zusammengefasst (Mt 2,11 und Lk 2,15 f.). Unter dem Hauptbild stehen vier Propheten. Oben erscheint die Verkündigung an Maria zwischen Grisaillebildern von Adam und Eva sowie der Maria Immaculata.

123 ***Die Predigt Johannes des Täufers in der Wüste (Mt 3,16)***
Unter dem Hauptbild sieht man königliche Gestalten: Karl den Großen, Friedrich Barbarossa, Helena und Konstantin, darunter das Königswappen und die Stifterinschrift Ludwigs I. Oben erscheinen Geburt und Taufe des Johannes (Lk 1,57–64) sowie weitere Heilige.

Die Südturmhalle (Q)

Über den Bau des Südturms gibt es keinerlei Nachrichten. Der Fund einer Goldmünze des Erzbischofs Wilhelm von Gennep (43) deutet darauf hin, dass er um 1360 begonnen wurde. Der Innenraum unterscheidet sich deutlich von den älteren Bauteilen des Doms, denn die hier nicht mehr runden, sondern birnenförmigen Rippen und Gurte des Gewölbes gehen ohne Unterbrechung durch Kapitelle bis auf die Sockel hinab. Über der Tür (vgl. 1) befindet sich als Supraporte ein besonders schönes Blendmaßwerk, das sich aus fünf Strahlen entwickelt und dessen Entwurf im Zusammenhang mit den Rosetten der Turmhelme gesehen werden muss. Die Gewölbe wurden erst 1878 fertiggestellt.

124 ***Kreuzabnahme und Beweinung Christi***
Die monumentale Gruppe, die als 13. Kreuzwegstation dient, wurde kurz vor 1900 aus einem einzigen Block feinen französischen Kalksteins in der Werkstätte von Wilhelm Mengelberg in Utrecht geschaffen und an Ort und Stelle farbig gefasst. Sie gehört zu den reifsten Werken der neugotischen Plastik. Der Reichtum des Faltenwurfs ist unübertroffen. Stifter ist der damalige Kölner Erzbischof Philipp Kardinal Krementz (1885–1899).

125 ***Die Fenster der Südturmhalle***
Wie in der Nordturmhalle sind hier Fenster nach Entwürfen des Wiener Künstlers Johannes Klein (1823–1883) eingefügt (vgl. 5). Es handelt sich jedoch nicht um die Originale aus dem 19. Jahrhundert, sondern um Kopien, die in der Glaswerkstatt der Dombauhütte zwischen 2000 und 2010 nach den Originalentwürfen gefertigt wurden. Die unterste Zeile zeigt die jeweiligen Stifter, die diese Rekonstruktion möglich gemacht haben.

Im östlichsten Fenster der Südwand sind Szenen aus dem Leben Jesu von der Verkündigung an Joachim (unten links) bis zum Pfingstgeschehen (oben im Maßwerkfeld) zu sehen. Im Fenster daneben sind Szenen aus der Of-

Abb. 35 Das brennende Köln, Szene aus Ewald Matarés Bronzetür vom Ursulaportal (134)

fenbarung des Johannes von der Vision bis zur Darstellung des neuen Jerusalem wiedergegeben. Das große Fenster in der Westwand veranschaulicht das Gleichnis vom verlorenen Sohn in den beiden linken Bahnen und das Gleichnis vom barmherzigen Samariter in den beiden rechten Pendants. In dem Halbfenster über dem Portal ist das Jüngste Gericht dargestellt (eine Publikation zu diesem Zyklus ist im Domladen erhältlich).

Die Langhaus-Südseite (R)

Die mittelalterliche Kathedrale ist keine gebaute Plastik wie der altgriechische Tempel, sondern ein Innenraum in einer dicht bebauten Stadt, der nur mit seinen Fassaden an die Öffentlichkeit tritt. Deshalb blieben die Außenwände der Seitenschiffe schmucklos, denn sie sollten hinter der dicht an den Dom heranreichenden hohen Bebauung verschwinden. Erst oberhalb der normalen Gebäudehöhe setzt die auflockernde Durchgliederung aller Teile mit Maßwerk und anderen gotischen Schmuckformen ein. Das 1863 vollendete Strebewerk des Langhauses, das dem des Chors getreu nachgebildet wurde, zeigt den vollen Reichtum der kölnischen Hochgotik des 13. Jahrhunderts (Abb. 36). Der Schlaitdorfer Sandstein, aus dem das Strebewerk und die Obergadenwand des Lang- und Querhauses 1848–1863 errichtet wurden, ist heute durch Verwitterung stark gefährdet.

126 *Die Gedenkplakette zum Weltjugendtag*

Am Strebepfeiler neben dem Turm ist eine bronzene Gedenkplatte angebracht, die der Bildhauer Bert Gerresheim im Jahr 2009 zur Erinnerung an den Weltjugendtag 2005 geschaffen hat. Das Relief zeigt die Übergabe des Weltjugendtags-Logos von Papst Johannes Paul II. an Papst Benedikt XVI. Diese stehen vor den Architekturen des Petersdoms und des Kölner Doms. Auf den Mitren zu ihren Füßen sind die Wappen der beiden Päpste zu sehen.

127 *Der Strebepfeiler A5*

Er wurde nach der Kriegszerstörung zusammen mit dem östlich anschließenden Fenster 1952–1962 in Londorfer Basaltlava erneuert und ist ein typisches Beispiel des Restaurierungsstils der Dombauhütte nach dem Zweiten Weltkrieg. Die architektonischen Formen sind exakt kopiert, die freiplastischen Werke jedoch von Bildhauern innerhalb des originalen Umrisses nach eigenen Entwürfen frei gestaltet. Im Bogenlauf des Fensters und auf dem darüberliegenden Fries sieht man zum Lobe Mariens musizierende Engel. Die Bildhauer waren Ewald Bell und Gerhard Stoll (1954).

128 *Der Klöppel der Kaiserglocke von 1876*

Der schwere Gusseisenklöppel brach 1909 und stürzte während des Läutens in den Glockenstuhl, ohne eine der über 50 anwesenden Personen zu verletzen. Die Kaiserglocke wurde 1918 eingeschmolzen.

129 *Die Gedenktafel für Papst Johannes XXIII.*

Neben der Arbeitstür hängt eine Gedenktafel für Papst Johannes XXIII., mit bürgerlichem Namen Angelo Giuseppe Roncalli (1881–1963), nach dem der große Platz an der Südseite des Doms benannt ist. Der Bildhauer Michael Oster hat die Tafel 2007/08 geschaffen.

130 *Der Petrusbrunnen*

Der von der preußischen Königin und späteren Kaiserin Augusta der Stadt Köln gestiftete Petrusbrunnen wurde 1870 nach Entwürfen des damaligen Dombaumeisters Richard Voigtel angefertigt. Aufgestellt wurde er in einer begrünten Terrassenanlage am Ostchor des Doms. Wegen der zunächst fehlenden Wasserleitung und des

Abb. 36 Das Strebewerk der Langhaus-Südseite und der Südturm von Osten gesehen

BÜCHER
KÖSEL
Hotel

später etwas knappen Wasserflusses wurde der Brunnen von den Bürgerinnen und Bürgern schnell »Drüjje Pitter« genannt.

Trotz der großen Kriegszerstörungen, die der Dom im Zweiten Weltkrieg erlitt, blieb der Brunnen unbeschädigt. Mit dem Bau der Domplatte wurden die neugotische Treppenanlage abgerissen und der Petrusbrunnen abgebaut. 1969 erhielt der Brunnen einen neuen Platz auf dem höheren Niveau der Domplatte zwischen Sakristei und Domchor. Dieser etwas versteckte Aufstellungsort erwies sich jedoch als Verlegenheitslösung, sodass der Brunnen schließlich 1999 einmal mehr abgebaut und nach der Restaurierung der Sandsteinelemente in einem Depot zwischengelagert wurde. Nach der Errichtung des neuen Eingangsgebäudes und der damit verbundenen Sanierung der unmittelbar vor dem südlichen Seitenschiff gelegenen Papstterrasse gelangte er dort im Jahr 2010 zur Wiederaufstellung.

131 *Der Dachreiter (Vierungsturm)*
Die 65 Meter hohe Unterkonstruktion aus Guss und Walzeisen, ein bedeutendes Denkmal des frühen Eisenbaus, wurde 1855 von Dombaumeister Ernst Friedrich Zwirner entworfen und 1859 aufgestellt. Der insgesamt 109 Meter hohe Turm war früher reich mit gotischen Architekturformen aus Zinkguss verkleidet, die durch Korrosion und Kriegseinwirkung weitgehend verloren gingen. Die heutige Bleibedeckung nach Entwurf von Willy Weyres wurde 1965–1970 aufgebracht. Die acht großen Engel schuf Erlefried Hoppe. Aus der Entstehungszeit stammen noch die Maßwerkbrüstung, die kupferne Kreuzblume und der vergoldete Stern auf der Spitze.

Die Südfassade (S) (Abb. 37)

Die Fassade war schon im Mittelalter vorgesehen und im Ostteil bereits fundamentiert, aber noch nicht begonnen worden. Ein Plan ist nicht überliefert, und auch der Rekonstruktionsversuch von Sulpiz Boisserée erwies sich als unbrauchbar. Dombaumeister Zwirner hat deshalb in Zusammenarbeit mit Karl Friedrich Schinkel, Boisserée und König Friedrich Wilhelm IV. in den Jahren 1833–1842 im Anschluss an die Architektur des Südturms einen neuen Entwurf entwickelt. Am 4. September 1842 legten der König und der Erzbischof-Koadjutor Johannes von Geissel über dem Fundament der Fassade den Grundstein zum Weiterbau des Doms. 1855 war die Südfront vollendet. Das Baumaterial ist zur Hauptsache Schlaitdorfer Sandstein, die Höhe beträgt 70 Meter. Die Plastik der drei Portale wurde nach Entwürfen von Ludwig Schwanthaler (1847) durch Christian Mohr ausgeführt (1851–1869) und gilt als Höhepunkt romantisch-nazarenischer Bildhauerkunst in Deutschland. Die Südfassade ist eines der bedeutendsten und künstlerisch vollkommensten Werke der Neugotik überhaupt, klassizistisch in der Strenge und Konsequenz der architektonischen Entwicklung, romantisch in der Wahl des stilistischen Vorbilds.

Abb. 37 Die Südseite des Doms

132 *Das Mittelportal* (Frontispiz)
Im Wimperg steht Christus zwischen den vier Evangelisten. Das Tympanon zeigt das Leben und die Passion Jesu. In den Bogenläufen ist ein umfassender Engelzyklus angebracht. Am Mittelpfeiler steht der hl. Petrus, in den Gewänden begleitet von Märtyrern der frühen Kirche. Die Bronzeportale schuf Ewald Mataré zum Domjubiläum von 1948. Die rechte Tür ist Papst Pius XII. (1939–1958) gewidmet und zeigt im oberen Teil dessen Wappen und Wahlspruch. »Opus justitiae pax« (Das Werk der Gerechtigkeit ist der Friede), darunter erscheinen Pelikan und Hahn in Mosaik. In der linken, der »Bischofstür«, erkennt man oben das Wappen von Joseph Kardinal Frings (1942–1969) und seinen Wahlspruch »Pro hominibus constitutus« (Für die Menschen bestellt). Unterhalb stehen sieben Kölner Heilige als Repräsentanten der Gaben des Heiligen Geistes: links Hermann Joseph – Frömmigkeit; Duns Scotus – Verstand; Petrus Canisius – Wissenschaft; Gereon – Stärke; rechts Albertus Magnus – Rat; Thomas von Aquin – Weisheit; Ursula – Gottesfurcht.

133 *Das Gereonsportal (rechts)*
Im Tympanon ist das Martyrium des hl. Gereon und seiner Gefährten dargestellt, in den Bogenläufen sitzen Heilige der thebäischen Legion und die vierzehn Nothelfer. Im Gewände stehen Heilige, die in Köln und am Niederrhein wirkten beziehungsweise verehrt werden. Die Bronzetür von Ewald Mataré (1954) zeigt Symbole für die Erschaffung der Welt (Hand Gottes), das Erscheinen Gottes im Alten und im Neuen Testament (Brennender Dornbusch, Berg Tabor) und die Kirche (Netz).

Abb. 38 Die Domschatzkammer an der Nordseite des Doms (U)

134 ***Das Ursulaportal (links)***
Im Tympanon erscheint das Martyrium der hl. Ursula, im Bogenlauf sitzen die Gefährtinnen der Heiligen. Die Standfiguren stellen Märtyrer dar, die im Dom verehrt werden. Die Köpfe der hl. Cäcilia und der hl. Ursula (2. und 4. links) wurden 1973 von Elisabeth Baumeister-Bühler ergänzt. Im Bronzeportal von Ewald Mataré (1953) sieht man rechts das brennende Köln (Abb. 35), links oben Noah mit Arche und Regenbogen als Zeichen der Versöhnung.

135 ***Die Erinnerungstafel an die Grundsteinlegung zum Weiterbau***
An der Stelle, an der König Friedrich Wilhelm IV. von Preußen und Erzbischof-Koadjutor Johannes von Geissel am 4. September 1842 den Grundstein zum Weiterbau des Doms legten, ließ Dombaumeister Hertel 1908 eine Bronzetafel anbringen. Der Text ist der viel beachteten Rede des Königs entnommen, die dieser anlässlich der Grundsteinlegung hielt.

136 ***Die schmiedeeisernen Gitter***
Um die Portale vor Beschädigungen zu schützen, wurden 1995 die von Paul Nagel entworfenen Gitter aufgestellt.

Der Chor (T)

(Abb. S. 2 und Umschlagaußenseite hinten)
In den Jahren 2013–2015 erhielt die Umgebung des Domchors eine neue Gestaltung, die von dem Münchner Büro Allmann Sattler Wappner Architekten konzipiert wurde. Das Erdgeschoss des Chors ist bis auf den Sockel noch im ursprünglichen Gestein, dem Drachenfelstrachyt, erhalten. Über den Chorkapellen standen in steilen, offenen Tabernakeln ursprünglich (wie in Reims) zwölf Engel, die mit großen Posaunen zum Gericht bliesen. Sie wurden 1834–1838 durch musizierende Engel nach Entwürfen von Karl Friedrich Schinkel ersetzt, die der Bildhauer Wilhelm Joseph Imhoff ausführte und von denen acht noch erhalten sind. Drei Engel wurden bereits 1934–1937 erneuert, ein weiterer mit Posaune 1968 von Erlefried Hoppe. Das Strebewerk des Rundchors führt die reiche Dekoration der Südseite schrittweise und fast unmerklich in die schlichteren Formen der Nordseite über. Es entstand um 1300, wurde erstmals 1829–1841 restauriert (aus dieser Zeit noch die Strebebögen) und 1926–1939 in Muschelkalk wiederhergestellt. Auch die Dachgalerie und die

Abb. 39 Der Hauptraum der Domschatzkammer unter den mittelalterlichen Gewölben

Wimperge wurden damals ersetzt, nur die Obergadenwand mit den 17,80 Meter hohen Fenstermaßwerken ist noch im Originalzustand. Das 8,35 Meter messende Kreuz auf der Spitze des 15 Meter hohen, bleigedeckten Dachs stammt noch aus der Zeit um 1300. Der 1,50 Meter hohe Dachkamm aus Bronzeguss mit seinen 187 vergoldeten Lilien wurde 1984–1991 nach altem Vorbild erneuert.

137 ***Die Dombauhütte***

Hier wirken die rund 60 Handwerker, die Steinmetzen, Bildhauer, Glasrestauratoren, Schreiner, Schmiede, Maler, Dachdecker und Zimmerleute, die für die Erhaltung des Doms verantwortlich sind. Die unteren Teile der heutigen Gebäude wurden 1969/70 im Zusammenhang mit dem Römisch-Germanischen Museum von den Architekten Röcke und Renner erbaut, die oberen 1984 von Domarchitekt Bernd Billecke. Der Bildhauer Friedel Denecke schuf die Dachbekrönungen.

138 ***Die Pfalzkapelle*** (Abb. 5)

Die mit Blei abgedeckte Tuffsteinmauer im Hof der Dombauhütte ist der Rest der erzbischöflichen Pfalzkapelle, die wahrscheinlich zwischen 1000 und 1020 von Erzbischof Heribert erbaut wurde. Sie dürfte die erste abendländische Doppelkapelle auf Vierstützengrundriss mit Mittelöffnung gewesen sein, ein Bautyp, der die Pfalzkapelle Karls des Großen in Aachen in vereinfachter Form nachzuahmen suchte und der vor allem bei Burgen und Palästen, aber auch bei Kathedralkirchen, deren Bischöfe weltliche Befugnisse hatten (Mainz, Speyer), vorkommt. Für den Bau des gotischen Doms musste die Kapelle 1248 abgebrochen werden.

139 ***Der Domherrenfriedhof***

(Umschlagaußenseite hinten)

Hier ruhen in einer 1925 angelegten Gruft die verstorbenen Mitglieder des Metropolitankapitels, darunter viele Weihbischöfe, Generalvikare und Dompröpste. Das Kreuz wurde 1952 von Wilhelm Tophinke geschaffen, die Grabsteine entwarf Arnold Wolff.

140 ***Die Anno-Säule***

Die 5,80 Meter hohe rote Sandsteinsäule und die drei zugehörigen Säulenbasen stammen vom Ost-Atrium des Alten Doms, das um 1075 von Erzbischof Anno angelegt worden war und den Dom mit der Kirche St. Maria ad gradus verband.

Abb. 40 Das frühchristliche Taufbecken (151)

141 *Die Friedhofsleuchte*

Die Leuchte aus Trachyt wurde 2010/11 nach Zeichnungen des Steintechnikers Michael Jürkel von den Lehrlingen der Dombauhütte gefertigt und auf dem Domherrenfriedhof aufgestellt.

142 *Der steinerne Kopf*

Im Scheitel des Mittelfensters der Achskapelle ist ein Kopf angebracht, der möglicherweise den ersten Dombaumeister Gerhard darstellt. Er begann den Dombau 1248 und leitete ihn bis etwa 1260.

143 *Die Sakristei*

Da das Gelände an der Nordseite des Doms stark abfiel, musste man für den Sakristeikomplex zunächst einen 10 Meter hohen Keller anlegen, über dem bald nach 1248 als Erstes der sogenannte Nordbau errichtet wurde. 1277 fügte man zwischen diesem und der Dom-Nordwand die quadratische Halle ein, die heute als Sakramentskapelle dient (vgl. die Beschreibung des Inneren, K). Weil der Nordbau über die Flucht der Querhausfassade hinausragte, wurde er 1867 als angeblich »spätere Zutat« abgebrochen. Als Ersatz hierfür baute Dombaumeister Voigtel um 1870 östlich vier neugotische Joche hinzu, die bis heute als Sakristei dienen. Das Innere ist durch das qualitätvolle neugotische Mobiliar geprägt, die beiden Fenster an der Ostseite besitzen sehr kostbare Glasgemälde mit Darstellungen des hl. Dominikus und des Evangelisten Johannes. Sie sind um 1280–1290 entstanden und stammen ursprünglich aus der Kölner Dominikanerkirche Zum Heiligen Kreuz.

144 *Kapitelsaal*

Im Zusammenhang mit der Erschließung des Sakristeigebäudes durch ein eigenes Treppenhaus fügte Dombaumeister Willy Weyres an der Nordseite den Kapitelsaal an. Er enthält originale Schränke aus der Zeit der Renaissance und Porträts von Kölner Erzbischöfen. Im Osten wird der Kapitelsaal durch eine Apsis erweitert. In der Nordseite hat ebenfalls ein Fenster aus der Dominikanerkirche Verwendung gefunden. Auch in der für die Erbauungszeit charakteristisch gestalteten Wand des Treppenhauses sind Fragmente mittelalterlicher Malerei anzutreffen.

Die Domschatzkammer (U)

(Abb. 38 und 39)

Sie wurde 1997–2000 teils in schon vorhandenen unterirdischen mittelalterlichen Räumen und teils in einem Neubau an der Nordseite des Doms eingerichtet. Sie gilt bis heute als eine der schönsten Schatzkammern Deutschlands. Das Gebäude entwarf Domarchitekt Bernd Billecke, für die Innengestaltung zeichnete Ingrid Bussenius verantwortlich. Im ersten Untergeschoss wird der Domschatz präsentiert, der etliche wertvolle Stücke wie Kreuze, Reliquiare und Monstranzen umfasst (Abb. 39). Im zweiten Untergeschoss sind in zwei Vitrinen die Grabbeigaben zweier merowingischer Königsgräber ausgestellt. Auch ein Lapidarium und eine Auswahl an wertvollen Paramenten sind dort zu finden (ein ausführlicher Katalog zur Schatzkammer ist dort und im Domshop [152] erhältlich).

145 *Heiltumskammer*

Den Eingang zur Domschatzkammer betonen eine goldene Stele und der bronzeumleidete Würfel der Heiltumskammer. In ihr befinden sich Gefäße und Schränke, die Reliquien enthalten. Besonders prächtig ist der barocke Schrein des hl. Erzbischofs Engelbert (vgl. 41)

Die Nordfassade (V)

Bereits im 14. Jahrhundert war mit dem Bau der nördlichen Querhausfassade begonnen worden. Das Gewände beiderseits des Ostportals (147) hatte eine Höhe von etwa fünf Metern erreicht. Dombaumeister Zwirner entwickelte die Grund-

Abb. 41 Das Grabmal des Erzbischofs Konrad von Hochstaden (70)

rissform seiner 1843–1855 errichteten neugotischen Nordfassade, die gegenüber der Südfassade (S) gewisse Vereinfachungen zeigt, nach diesen Vorgaben. Schon um 1900 nahm die Verwitterung des Schlaitdorfer Sandsteins hier bedenkliche Formen an. Hinzu kamen die schweren Schäden im Zweiten Weltkrieg. 1962–1982 wurde die Fassade weitgehend in Londorfer Basaltlava erneuert. Dabei wurden die Architekturformen getreu wiederholt, die Bildhauerarbeiten jedoch im Ostbereich (links) frei gestaltet. Erst im Mittel- und im Westbereich wurden sie ab 1972 exakt kopiert.

146 ***Das Mittelportal***

Im Wimperg steht Christus zwischen vier Kirchenvätern. Das Tympanon zeigt die Gründungsgeschichte der Kirche von der Übergabe des Hirtenamts an Petrus bis zum Apostelkonzil von Jerusalem. In den Bogenläufen sitzen 58 Schutzheilige verschiedener Berufe, im Gewände stehen acht Figuren von Heiligen als Vertreter der geistlichen Stände. Alle Bildhauerarbeiten stammen aus der Werkstätte von Peter Fuchs (1879–1881). Nur der hl. Michael am Mittelpfeiler wurde bereits 1875 von Franz Meynen geschaffen und 1970 von Erlefried Hoppe ergänzt. Die Bronzetüren von Wilhelm Mengelberg (1892) gehören zu den besten Arbeiten des 19. Jahrhunderts am Dom. Unter den zahlreichen Bildthemen ragen die Darstellungen der klugen und törichten Jungfrauen durch Zartheit der Komposition und Lieblichkeit des Ausdrucks hervor.

147 ***Das Ost- beziehungsweise Bonifatiusportal (links)***

Die Kreuzblume auf dem Wimperg (Erlefried Hoppe, 1965) zeigt Szenen aus dem Leben des Apostels Paulus, der auch im Schlussstein des Wimpergs erscheint. In dessen Krabben sind irische Mönche dargestellt, die Waldbewohnern predigen. Die Bildhauer dieser um 1964 entstandenen Werke waren Werner Meurer, Ewald Bell und Engelbert Davepon. Der plastische Schmuck des inneren Portals wurde 1879–1981 in der Werkstätte von Peter Fuchs gefertigt. Im Tympanon sieht man die Geschichte des hl. Bonifatius, im Bogenlauf 30 Schutzheilige deutscher Bistümer und Landschaften und im Gewände acht Patrone und Bischöfe der Kölner Kirchenprovinz. Im Fußboden vor dem Portal sind in eingelegten Sternen die Namen derjenigen Stifter verewigt, die der Kulturstiftung des Doms größere Beträge haben zukommen lassen.

148 ***Das West- beziehungsweise Maternusportal (rechts)***

Im Tympanon erscheint die Geschichte des hl. Maternus, nach der Legende der erste Bischof von Köln (um 313). Im Bogenlauf sitzen 30 Heilige der Stadt und des Erzbistums Köln, im Gewände stehen acht Figuren heiliger Kölner Bischöfe, deren Köpfe zumeist ergänzt sind. Die Skulptur des hl. Heribert wurde 2010/11 von Bildhauer Michael Oster neu geschaffen.

Die Langhaus-Nordseite und der Nordturm (W)

Die Strebepfeiler und Fenstermaßwerke der drei westlichen Joche der nördlichen Seitenschiffe des Langhauses gehören noch dem 15. Jahrhundert an. 1826 wurden diese Teile restauriert, wobei die spätgotischen Brüstungen verschwanden und der Laubwerkfries stark vereinfacht wurde. 1990–1998 hat die Dombauhütte Gesims, Laubfries und Brüstungen wiederhergestellt. Das Strebewerk wurde 1855–1863 nach dem Vorbild der schlichten Formen des Chors erbaut, obwohl die über vier Meter hoch erhaltenen spätmittelalterlichen Ansätze erkennen ließen, dass hier eine wesentlich reichere Gestaltung vorgesehen war.

Abb. 42 Das Grabmal des Erzbischofs Philipp I. von Heinsberg (66)

149 *Der Nordturm-Ostpfeiler*

Dieser letzte Bauteil des Mittelalters entstand um 1500. Dabei wurde die Architektur des Südturms in die Formensprache der Spätgotik übertragen. Ein letztes Mal zeigten die Steinmetze der Dombauhütte hier ihr überragendes Können. Fischblasen, durchgebogene Wimperge und reiche Durchdringungen von Profilen kennzeichnen diese hoch entwickelte Architektur.

150 *Die »Ziegelplombe«*

Am 3. November 1943 traf eine Luftmine einen der Strebepfeiler des Nordturms und riss 70 Kubikmeter Quadermauerwerk aus dem Verband. 27 500 Ziegelsteine waren notwendig, um die Lücke zu schließen. Auch der Bereich unterhalb der Ziegelausmauerung war schwer erschüttert worden und drohte auseinanderzufallen. Nach kontroversen Diskussionen wurde dieser Ziegelkern in den Jahren vor 2005 nach Maßgabe alter Unterlagen und Vorbilder am Dom mit Quadern aus Obernkirchener Sandstein verkleidet.

Die Domumgebung

Der Dom war im Mittelalter dicht von Gebäuden aller Art umgeben. Nur die Fassaden standen frei, doch auch hier reichte die Bebauung näher heran als heute. Im Westen trat man zu ebener Erde in die Portale ein, im Süden gab es einige Stufen. Nur das einzige geöffnete östliche Nordportal (147) wurde über eine hohe Treppe von zweimal 14 Stufen erreicht, weil dort das Gelände steil abfiel. Im Laufe des 19. Jahrhunderts wurden rings um den Dom alle alten Gebäude abgebrochen. An ihrer Stelle entstanden Stützmauern und Grünanlagen. Das Erdreich wurde im Süden und im Westen auf etwa zwei Meter unter Domfußboden abgetragen, an der Nordseite dagegen angefüllt, sodass der Eindruck eines Denkmals entstand, das sich über einem hohen Sockel auf einer weiten Ebene frei erhebt. Dies entsprach dem Zeitverständnis von monumentaler Architektur. Doch der Zweck wurde nicht erreicht, denn mehr und mehr wurde der Dom zur umbrandeten Verkehrsinsel. Da diese Gestaltung der Domplatte immer mehr Kritik auf sich gezogen hat, wird seit 2005 an der Verbesserung der Situation gearbeitet, was bereits positive Veränderungen im Norden, Osten und Süden der Domumgebung bewirkt hat.

151 *Das Baptisterium* (Abb. 40)

Im Osten des Doms finden sich die Reste einer Taufkirche, deren Umgebung zurzeit neu gestaltet wird. Über einem älteren Wasserbecken, das wohl zu einem römischen Atriumhaus gehörte, wurde um oder nach 500 ein achteckiges Becken errichtet. Auf den Pfeilerstücken an seinen Kanten erhoben sich Säulen, deren Abdrücke noch zu erkennen sind. Sie waren Teil eines überhöhten Ziboriums, eines baldachinartigen Aufbaus, zwischen dessen Säulen einst Vorhänge gespannt waren, die den eigentlichen Taufakt den Blicken entzogen. In das Becken führen Stufen hinein und wieder hinaus, auch der Abflusskanal ist noch vorhanden. Es handelt sich nicht nur um eines der ältesten Taufbecken nördlich der Alpen, sondern zugleich auch um eines der frühesten architektonischen Zeugnisse der frühen Christen in Köln. Es ist gut denkbar, wenn auch nicht zu belegen, dass schon das darunter befindliche ältere Becken zur Taufe benutzt worden war. Das achteckige Taufbecken stand ursprünglich in einem rechteckigen Raum, der aber später kreuzförmig erweitert wurde. Während die umgebenden Wände verschwunden sind, hat sich das Becken selbst relativ gut erhalten. Funde von Mosaiksteinchen belegen, dass diese Taufkirche einst prächtig ausgestattet war.

Besteigung des Südturms

Durch das Eingangsgebäude (A) erreicht man die unterirdische Kassenhalle der Turmbesteigung (Q). Über 523 Stufen kann man zur Aussichtsplattform gelangen, einen Aufzug gibt es nicht. Auf etwa halber Strecke kann man den Glockenstuhl durchqueren, in dem acht große Glocken hängen (Abb. 43). Schon im Mittelalter waren die Glocken des Doms berühmt. Aus dieser Zeit stammen noch die drei Großglocken mit den Tönen g–a–h: die Pretiosa (Nr. 2; gegossen 1448, 10 Tonnen schwer), die Speciosa (Nr. 3; 1449, 5,6 Tonnen) und die Dreikönigenglocke (Nr. 4; 1414, Neuguss 1880, 3,8 Tonnen). Als Ersatz für die Kaiserglocke von 1874, die im Ersten Weltkrieg eingeschmolzen wurde, ließ das Domkapitel im Jahr 1923 die Petersglocke gießen, die mit 24 Tonnen die größte schwingende Glocke der Welt ist (Nr. 1). Ihr tiefes c mit dem deutlich hörbaren ersten Oberton e erklingt nur am Vorabend großer kirchlicher Feste und beim Tod eines Papsts oder Erzbischofs. Das Domgeläute wird durch vier weitere Glocken ergänzt: St. Ursula (Nr. 5; c', 1862, 2,5 Tonnen), St. Josef (Nr. 6; d', 1998, 2,1 Tonnen), Kapitelsglocke (Nr. 7; e', 1911, 1,4 Tonnen) und Aveglocke (Nr. 8; g', 1911, 0,83 Tonnen). Der weltberühmte Klang

Abb. 43 Der Glockenstuhl im Südturm mit der Petrusglocke

des Kölner Domgeläuts beruht darauf, dass der von der Petersglocke und der Pretiosa grundgelegte C-Dur-Akkord (c–e–g) eine Melodie untermalt, die von den übrigen Glocken erzeugt wird. Die Dombauhütte bietet regelmäßig Glockenführungen an, bei denen man das Geläut an Ort und Stelle erleben kann (siehe unter www.koelner-dom.de).

Der Dom besitzt noch ein zweites Geläute, das auf dem Dachreiter hängt und das noch aus dem frühen 14. Jahrhundert stammt. Es besteht nur aus zwei Glocken, die in den Tönen gis' und e" gestimmt sind. Sie erklangen wahrscheinlich schon, als im Jahre 1322 der Chor geweiht wurde (eine CD mit dem Geläute der Domglocken ist an der Kasse erhältlich).

Von der Glockenstube aus steigt man auf der Wendeltreppe weitere 95 Stufen hinauf und erreicht dann die achteckige offene Turmhalle des vierten Geschosses. Hier beginnt eine Eisentreppe mit 135 Stufen, die frei inmitten des 24 Meter hohen Raums steht. Die acht unverglasten Maßwerkfenster ermöglichen eindrucksvolle Ausblicke. Nachdem man den Schlussring des Sterngewölbes durchstiegen hat, steht man unter dem 50 Meter hohen durchbrochenen Maßwerkhelm. Elf weitere Stufen führen dann auf die Aussichtsplattform in 97,25 Metern Höhe, die außen um den Maßwerkhelm führt. Insgesamt hat man 523 Stufen zu überwinden.

Zeittafel

38–19 v. Chr.	Ansiedlung der Ubier im heutigen Stadtgebiet
50 n. Chr.	Gründung der Stadt als römische Kolonie; Beginn des Baus der Stadtmauer
313/14	Mailänder Edikte; Reisen des ersten Kölner Bischofs Maternus nach Rom und Arles. Wahrscheinlich bestand zu dieser Zeit bereits eine erste bescheidene Kirche.
Um 550	Fränkische Fürstengräber unter dem Chor
Um 565	Erweiterung der Kirche zu einer doppelchörigen Anlage
Vor 787–818	Regierungszeit des Erzbischofs Hildebold; Westerweiterung der Kirche mit Ringatrium
9. Jahrhundert	Bau des Alten Doms
27. Sept. 870	Weihe des Alten Doms durch Erzbischof Willibert
Vor 965	Erweiterung des Alten Doms um zwei Seitenschiffe durch Erzbischof Bruno
Um 1000–1020	Bauten der Pfalzkapelle durch Erzbischof Heribert
Vor 1075	Baubeginn der Kirche St. Maria ad gradus und des Ost-Atriums durch Erzbischof Anno II.
23. Juli 1164	Übertragung der Gebeine der Heiligen Drei Könige von Mailand nach Köln durch Erzbischof Rainald von Dassel
Nach 1181	Der Goldschmied Nikolaus von Verdun arbeitet am Dreikönigenschrein.
Vor 1225	Erzbischof Engelbert I. mahnt den Bau eines neuen Doms an.
1248	Beschluss des Domkapitels zur Finanzierung des gotischen Doms
26. April 1248	Brand des Alten Doms bei Beginn der Bauarbeiten
15. Aug. 1248	Grundsteinlegung zum gotischen Dom durch Erzbischof Konrad von Hochstaden
Um 1265	Das Chor-Erdgeschoss ist benutzbar.
1304–1311	Einsetzen der Königsfenster im Hochchor
1308–1311	Bau und Aufstellung des Chorgestühls
27. Sept. 1322	Feierliche Weihe des Chors
Um 1360	Baubeginn des Südturms
1370–1380	Bildwerke des Petersportals
1410–1440	Glasgemälde in den Südseitenschiffen eingesetzt
1448/49	Aufhängen der Glocken Pretiosa und Speciosa im Südturm
1507–1509	Einsetzen der Fenster im Nordseitenschiff
Nach 1528	Der Baubetrieb am Dom wird eingestellt.
1744–1770	Barockisierung des Innenraums
1794	Einmarsch der Franzosen in Köln und Auflösung des Erzbistums
1801	Erhebung des Doms zur Pfarrkirche
1821	Wiederherstellung des Erzbistums Köln durch ein Abkommen zwischen dem Papst und dem Königreich Preußen; Erhebung des Doms zur Metropolitankirche
1823–1842	Restaurierungsarbeiten unter den Dombaumeistern Ahlert und Zwirner
1841	Gründung des Zentral-Dombau-Vereins
1842	Grundsteinlegung zum Weiterbau
1863	Vollendung des Innenraums
15. Okt. 1880	Dom-Vollendungsfeier
1904/03	Erneuerungsarbeiten am Chor; das Strebewerk wird in Muschelkalk ausgeführt.
1942–1944	Schwere Kriegszerstörungen am Dom
15. Aug. 1948	700-Jahr-Feier der Grundsteinlegung im wieder benutzbaren Chor, das erste große Fest nach dem Zweiten Weltkrieg
1956	Wiedereröffnung des gesamten Innenraums
1986	Neugestaltung der Domumgebung
1996	Der Kölner Dom wird Weltkulturerbe der UNESCO.
1997–2000	Bau der Domschatzkammer
1998	Bau der Langhausorgel
2008/09	Bau des Eingangsgebäudes

Wer einen Beitrag zur Erhaltung des Doms leisten möchte, kann Mitglied des 1841 gegründeten Zentral-Dombau-Vereins werden. Der jährliche Mindestbeitrag beträgt 20.– €. Mitglieder erhalten kostenlos das informative *Kölner Domblatt*, das meist über 300 Seiten starke, reich bebilderte Jahrbuch des Vereins, in dem über alles berichtet wird, was am Dom gebaut und erforscht wird (Kontakt: Zentral-Dombau-Verein zu Köln, Komödienstraße 6–8, 50667 Köln, Tel. 0221 13 53 00, Fax 0221 13 90 465, zdv@zdv.de).

Maße des Doms

Gesamtlänge außen: 144,58 m
Gesamtbreite Querschiff: 86,25 m
Breite der Westfassade: 61,54 m
Breite der Querhausfassaden: 39,95 m
Breite Langhaus innen: 45,19 m
Höhe des Nordturms: 157,38 m
Höhe des Südturms: 157,31 m
Höhe des Dachreiters: 109 m
Höhe der Querhausfassaden: 69,95 m
Höhe des Dachfirsts: 61,10 m
Innenhöhe der Mittelschiffe: 43,35 m
Innenhöhe der Seitenschiffe: 19,80 m
Überbaute Fläche: 7914 m^2
Innere Nutzfläche: 6166 m^2
Fensterflächen: ca. 8000 m^2
Dachflächen: ca. 12 000 m^2
Umbauter Raum ohne Strebewerk: ca. 407 000 m^3

Praktische Hinweise

Der Kölner Dom ist täglich von 6.00 bis 19.30 Uhr (November bis April) beziehungsweise von 6.00 bis 21.00 Uhr (Mai bis Oktober) geöffnet. Eine Besichtigung an Sonn- und Feiertagen ist nur von 13.00 bis 16.30 Uhr möglich.

Die heiligen Messen sind an Werktagen um 6.30, 7.15, 8.00, 9.00 und 18.30 Uhr, an Sonn- und Feiertagen um 7.00, 8.00, 9.00, 10.00 (Hochamt), 12.00, 17.00 und 19.00 Uhr. Werktags findet um 12.00 Uhr ein Mittagsgebet, sonntags um 18.00 Uhr eine Chorvesper statt.

Die Turmbesteigung ist täglich ab 9.00 Uhr geöffnet. Sie schließt von Mai bis September um 18.00 Uhr, im März, April und Oktober um 17.00 Uhr und von November bis Februar um 16.00 Uhr. Letzter Aufstieg ist jeweils eine halbe Stunde vor Schließung.

Die Schatzkammer ist täglich von 10.00 bis 18.00 Uhr geöffnet. Letzter Einlass ist um 17.30 Uhr.

Führungen durch den Dom bietet das Domforum an. Sie beginnen montags bis samstags um 11.00, 12.30, 14.00 und 15.30 Uhr, an Sonn- und Feiertagen um 14.00 und 15.30 Uhr. Treffpunkt ist das Hauptportal, innen. Weitere Informationen zu den Domführungen finden Sie auch unter www. koelner-dom.de.

Zwischen Juni und September finden jeweils am Dienstagabend Orgelkonzerte statt. Der Eintritt ist kostenlos, um eine Spende wird gebeten. In den Wintermonaten gibt es regelmäßig Musik am Dreikönigenschrein. Weiterführende Informationen zur Musik im Dom finden Sie unter www.koelner-dom.de.

Bildnachweis

© Dombauhütte Köln: Cover (Foto: A. Wolff), Grundriss (Vorlage: Baumass GBR Dipl. Ing. Hoffmann und Wietheger 2009), S. 8, 22 (Foto: M. Bräker), 35, 36, 37 (Foto: W. Kralisch), 39, 41
© Entwurf: Gerhard Richter, Köln / Foto: Dombauhütte Köln, Matz und Schenk: S. 49
© Lengyel Toulouse Architekten, Berlin, www.lengyeltoulouse.com: S. 7, 58
© Rheinisches Bildarchiv Köln: S. 4 (Foto: M. Luckey, rba_d006569)
Für alle anderen Abbildungen:
© Dombauhütte Köln, Matz und Schenk

Cover: *Westfassade* / Frontispiz: *Mittelportal der Südfassade* / S. 1: *Apostelzyklus an den Pfeilern des Binnenchors* / S. 2: *Obergadenwand des mittelalterlichen Chors* / S. 63: *»Fassadenplan F«, um 1280* (72) / Umschlaginnenseite hinten: *Gewölbe von Langhaus, Querhaus und Chor* / Umschlagklappe innen: *Grundriss des Doms* / Umschlagklappe außen: *Blick in den Hochchor* / Umschlagaußenseite hinten: *Chor von Osten*

Lektorat: Holger Steinemann, Stuttgart
Gestaltung und Satz: Martina Zelle, Krefeld
Gesetzt aus der Minion Pro und der Caecilia
Lithografie: farbo prepress, Köln
Papier: Allegro halbmatt
Druck: Nino Druck, Neustadt an der Weinstraße

ISBN 978-3-7743-0658-5
Detaillierte Informationen über alle unsere Bücher finden Sie unter:

www.Greven-Verlag.de